Conversando a gente se entende

Coleção Caminhos da Psicologia

- *Ajudar sem se esgotar: como superar a síndrome de esgotamento nas profissões de saúde e nas relações assistenciais* – Luciano Sandrin
- *Apego & amor: entenda por que escolhemos nosso parceiro* – Grazia Attili
- *Autismo infantil: o que é e como tratar* – Pierre Ferrari
- *Como administrar os conflitos e vencer... juntos* – Paolo Salvatore Nicosia
- *Conversando a gente se entende: como manter uma comunicação harmoniosa consigo mesmo e com o outro* – Gilles Sauvé
- *Estou de luto: reconhecer a dor para recuperar a esperança* – José Carlos Bermejo
- *Faça menos e seja mais amado: como manter relações saudáveis e equilibradas* – Peg Tompkins
- *Jovens violentos: quem são, o que pensam, como ajudá-los?* – Filippo Muratori
- *Liderar não é preciso: um guia prático para o dia a dia dos líderes* – Maria Elisa Moreira
- *Não aguento mais! Uma análise realista das crises das relações a dois* – Elisabetta Baldo
- *Se você me ama, diga! Observações sobre a (falta de) comunicação na vida conjugal* – Eleonora Canalis
- *Sexualidade e amor: uma visão integral do ser humano e dos relacionamentos* – Gigi Avanti
- *Tive uma ideia! O que é criatividade e como desenvolvê-la* – Monica Martinez
- *Trabalhar com o coração* – Valerio Albisetti

Gilles Sauvé

Conversando a gente se entende
Como manter uma comunicação harmoniosa consigo mesmo e com o outro

Paulinas

Dados Internacionais de Catalogação na Publicação (CIP)
(Câmara Brasileira do Livro, SP, Brasil)

Sauvé, Gilles
    Conversando a gente se entende : como manter uma comunicação harmoniosa consigo mesmo e com o outro / Gilles Sauvé ; tradução Marcelo Dias Almada. – São Paulo : Paulinas, 2012. – (Coleção caminhos da psicologia)

    Título original: Communiquer sans souffrir
    ISBN 978-85-356-3139-5

    1. Autorrealização 2. Comunicação - Aspectos psicológicos 3. Comunicação interpessoal 4. Conduta de vida 5. Relações interpessoais I. Título. II. Série.

12-05008   CDD-153.6

Índice para catálogo sistemático:

1. Comunicação interpessoal : Psicologia 153.6

Título original da obra: *Communiquer sans souffrir*
© Lés Éditions Fides, 2006

1ª edição – 2012

Direção-geral: *Bernadete Boff*
Editora responsável: *Andréia Schweitzer*
Tradução: *Marcelo Dias Almada*
Copidesque: *Ana Cecilia Mari*
Coordenação de revisão: *Marina Mendonça*
Revisão: *Marina Siqueira*
Gerente de produção: *Felício Calegaro Neto*
Assistente de arte: *Ana Karina Rodrigues Caetano*
Projeto gráfico: *Manuel Rebelato Miramontes*
Capa e diagramação: *Telma Custódio*

Nenhuma parte desta obra poderá ser reproduzida ou transmitida por qualquer forma e/ou quaisquer meios (eletrônico ou mecânico, incluindo fotocópia e gravação) ou arquivada em qualquer sistema ou banco de dados sem permissão escrita da Editora. Direitos reservados.

Paulinas

Rua Inácia Uchoa, 62
04110-020 – São Paulo – SP (Brasil)
Tel.: (11) 2125-3500
http://www.paulinas.org.br – editora@paulinas.com.br
Telemarketing e SAC: 0800-7010081

© Pia Sociedade Filhas de São Paulo – São Paulo, 2012

A meus netos, Nathan e Laurent.

APRESENTAÇÃO

Comunicar ou sofrer, dilema com o qual todos nos vemos confrontados em alguma etapa da vida. Às vezes, a comunicação com os outros – assim como quando nos colocamos à escuta de nós mesmos – suscita um sentimento de paz, de serenidade, e nos dá a impressão de renascer para nossa própria vida. Por outro lado, há certos dias que nos trazem a tentação de nos afastarmos dos outros e retiram de nós o gosto de olhar o que se passa conosco. Por exemplo, quando nos deparamos com os fracassos e as desilusões de que nenhuma existência está isenta, ou quando se repetem as incompreensões ou os mal-entendidos dos quais nenhuma relação está livre.

Esses desencantos frequentemente resultam da contrariedade das pessoas, do desmembramento da família ou do esfacelamento das instituições. Segue-se, então, uma ruptura que, apesar de toda a importância que nossa época atribui à comunicação, leva muita gente a deixar de se comunicar com os outros e a romper com seu mundo emocional, a fim de buscar um estímulo passageiro no momento presente. Essa dificuldade de comunicar provoca todo tipo de sofrimento, que afeta um grande número de pessoas, de casais, de famílias, de grupos sociais. Este livro deseja chamar a atenção para um conceito de comunicação que poderia impedir esses sentimentos de se perpetuarem, bem como ajudar as pessoas a se sentirem melhores consigo mesmas e com os outros.

Uma abordagem mais ampla da comunicação

A abordagem sistêmica em questão nesta obra se pretende mais ampla do que a ideia que habitualmente se faz da comunicação. Com efeito, comunicar-se não é apenas falar. Um casal que passa a noite diante da televisão sem dizer uma palavra um ao outro, um adolescente que se recusa a compartilhar seus projetos e dificuldades com os pais, um patrão que não presta atenção a seus empregados, um jovem, próximo ou distante, que nunca dá notícia de si, todos esses comportamentos transmitem a seu modo certa mensagem. Do mesmo modo, o trabalho manual oferecido por uma criança, o quarto bem arrumado de um adolescente, o olhar de ternura de uma mãe para o filho, o presente dado pelo cônjuge e o ajuste de salário proposto pelo patrão são também elementos de comunicação.

A abordagem sistêmica propõe-se, portanto, a ampliar a compreensão do conceito de comunicação que as teorias mais tradicionais descreviam como um meio pelo qual uma pessoa se comunica (o telefone ou o jornal), como a ação de partilhar certo saber com outra pessoa (ensinar ou dar uma conferência), como um conteúdo que é transmitido (uma ordem ou uma informação), ou como um meio de passagem que une um ponto a outro (uma estrada ou um trem). Em todos os casos em que a comunicação identificava uma ação, um conteúdo ou um meio, ela evocava uma transmissão de informação conforme um modelo, do qual o telefone é um exemplo típico: um emissor, um receptor e um aparelho de decodificação entre esses dois elementos.

A comunicação não se pode reduzir a uma simples troca de informações. Resulta ela da consideração de todos os componentes da pessoa e do conjunto das relações entre todos os que compõem uma família ou um grupo. Já não é, portanto, apenas uma realidade que pode ser recebida ou transmitida, mas antes um quadro interativo do qual cada um participa, de modo consciente ou não. Um ambiente cuja complexidade poderia se explicar por meio de uma analogia emprestada do especialista belga em Ciências da Informação e da Comunicação, Yves Winkin: a de uma orquestra em plena execução. Esse modelo de comunicação substitui o modelo emissor-receptor, ilustrado com o exemplo do telefone.

Em uma orquestra, cada um dos músicos, independentemente de sua partitura, participa da comunicação, mais do que constitui a origem ou o resultado dela. A comunicação estabelece-se não apenas entre os músicos, mas também entre a orquestra e o público. Um público entusiasta, ou então distraído e entediado, não influenciará do mesmo modo no desempenho da orquestra. O comportamento dos músicos, bem como o do maestro e dos ouvintes, decorrerá do modo pelo qual cada um tiver aprendido a decodificar a atitude e as reações dos outros. Do mesmo modo, ensinar numa classe rebelde será mais difícil do que numa classe sedenta de aprender. Falar diante de um auditório conquistado de antemão exigirá menos esforços do que dirigir-se a um público menos receptivo.

Mantendo essa imagem da orquestra, a comunicação então surge como uma espécie de processo permanente com vários níveis e integrando múltiplas formas de comportamento: palavras, gestos, mímica etc. Reúne o conjunto de códigos que organizam os comportamentos pessoais e interpessoais e que lhes dão significado. No interior desse processo, a palavra não passa de um dos elementos pelos quais uma pessoa se comunica. As palavras não têm sentido em si mesmas. Vêm sempre acompanhadas de gestos, de interações e situadas em um contexto definido. Só podem ser compreendidas por aqueles que aprenderam a ler os códigos que as organizam para adquirirem sentido. Por exemplo, a experiência de terapia com casais revela que muitos dos conflitos surgem em torno das palavras que cada um interpretou a partir de normas aprendidas na família de origem e que o outro não conhece.

Esse conceito de comunicação não é fruto da imaginação. Desenvolveu-se aos poucos, ao longo dos anos, dentro da esfera de influência da abordagem sistêmica. Esta última nada tem de teoria articulada e detalhada, deduzida a partir de certo número de princípios abstratos ou de conceitos-chaves. Apresenta-se principalmente como um modo de refletir, desenvolvido a partir dos trabalhos de pesquisadores provenientes de diferentes domínios científicos. De um modo absolutamente independente, e alimentados de preocupações distintas uns em relação aos outros, esses pesquisadores aos poucos foram descobrindo convergências que permitiam melhor compreender a complexidade de certos mecanismos, como o funcionamento do cérebro, o dispositivo de operação de um computador, os fatores de evolução ou de decadência de uma sociedade, as relações entre diferentes sistemas ecológicos etc. Foi a compreensão da complexidade e da inter-relação de certos fenômenos que deu origem à abordagem sistêmica.

Entre os trabalhos que, ao sabor do acaso e das circunstâncias, inspiraram essa nova forma de pensar, uma importância central deve ser atribuída à colaboração que se estabeleceu entre certos antropólogos e engenheiros. Entre eles, Gregory Bateson se destaca como a figura principal que influenciou todos os pesquisadores ligados à abordagem sistêmica. Seus trabalhos têm por objeto diferentes domínios: zoologia, antropologia, psiquiatria, comunicação animal, ciências da comunicação etc. Suas pesquisas sobre uma teoria geral da comunicação tinham como objetivo circunscrever o modo pelo qual as informações são decodificadas, estruturadas e organizadas pelos indivíduos por meio de seus contatos com o ambiente.

Entre outros questionamentos, Gregory Bateson interrogou-se quanto ao modo pelo qual certos grupos sociais adotam papéis simétricos (por exemplo, a violência que atrai a violência), enquanto outros adotam papéis complementares (por exemplo, a violência que atrai a submissão). Esses dois tipos de conduta vão em seguida se reforçar mutuamente, a ponto de se enrijecer e resultar no surgimento de grupos dentro dos quais eles surgem. Tomemos o exemplo de uma família em que a atitude repressiva dos pais alimenta a revolta dos filhos e vice-versa. Um dia essa família poderá enfrentar uma crise que a fará se romper.

Essa noção de *feedback*, ou de reforço mútuo de atitudes ou comportamentos, era bastante revolucionária. Tornava obsoletas as tradicionais explicações lineares, em virtude das quais cada causa produz um efeito. Esse conceito clássico fica ofuscado em favor de um estudo dos processos circulares que estipula que cada fenômeno ou cada comportamento influencia tudo o que o cerca, e é também influenciado por esse mesmo conjunto. Essa noção permitia melhor compreender como os papéis sociais podem se reforçar mutuamente. O exemplo da violência conjugal, que coloca em causa um cônjuge violento e outro submisso, ilustra particularmente bem essa afirmação.

Ao longo dos anos seguintes a essas primeiras observações, muitos cientistas se voltaram para o estudo de conjuntos de elementos – sistema social ou sistema ecológico, por exemplo – e suas interações, mais do que para o estudo dos elementos isolados que compõem esses sistemas. Esses diferentes procedimentos permitiram que se desenvolvesse uma concepção completamente nova da comunicação, concebida como a matriz dentro da qual se inserem todas as atividades humanas. Essa nova representação da comunicação, denominada abordagem sistêmica, permite daí por diante a compreensão não só da linguagem como também de todo tipo de comportamento, como, por exemplo, os gestos ou as relações entre as pessoas.

Paralelamente aos trabalhos desenvolvidos por antropólogos e engenheiros na origem da abordagem sistêmica, uma nova tendência surgia também na psiquiatria: a preocupação em tornar mais eficaz a terapia familiar. Para atingir esse objetivo, foram mantidos como objeto de análise os processos de comunicação no interior dos grupos e das famílias, em vez de se concentrar a atenção principalmente no indivíduo, como fazia a psiquiatria tradicional. Desse modo, o foco passou a dirigir-se mais para a noção de equilíbrio familiar, que repousa sobre um conjunto de convenções que cada um dos membros tende a reforçar. Daí por diante, buscou-se compreender os códigos que indicavam, por exemplo, quais assuntos era possível falar na presença do pai, quais acontecimentos convinha esconder da mãe, quais desvios de conduta do pai ou da mãe seria melhor camuflar etc. Nascia assim, gradualmente, a terapia familiar, baseada em uma abordagem sistêmica. Essa terapia concentrava sua atenção na pessoa como parte intrínseca da família e da comunidade, juntando-se, em decorrência disso, ao conceito de comunicação como um conjunto de desenvolvimento das atividades humanas.

O objetivo desta obra

A reflexão proposta nas páginas seguintes tenta aplicar esse conceito englobante da comunicação a toda pessoa que se encontre às voltas com as dificuldades inevitáveis da vida, no plano pessoal, conjugal, familiar, social ou comunitário. Apresenta as noções de base da abordagem sistêmica que permitem estabelecer uma melhor comunicação da pessoa consigo mesma e com os outros, isto é, levar em conta todos os aspectos da pessoa, concentrar-se no presente em vez de no passado, buscar o equilíbrio em si e no círculo de relacionamentos, enfrentar as crises da existência e superar as resistências às mudanças. O objetivo é chamar a atenção para os elementos que favorecem o desabrochar das pessoas, independentemente dos diferentes contextos em que se encontrem, por diminuir ou evitar as causas de suas angústias e ansiedades.

Esses diversos componentes serão ilustrados com exemplos concretos extraídos da experiência clínica do autor. Embora tenham sido apresentados de modo a respeitar o anonimato das pessoas em questão, é bem possível que alguns leitores creiam reconhecer-se em alguns desses exemplos, ou que outros julguem corresponder a vários desses arquétipos. Recorreremos também a exemplos colhidos da literatura e do cinema que, mais voltados para o mundo das emoções do que da racionalidade, acabam traçando de modo intuitivo os contornos de uma realidade muitas vezes difícil de descrever de maneira puramente lógica.

O primeiro capítulo coloca como premissa que toda comunicação extrai seu sentido do contexto em que se estabelece, bem como dos diferentes níveis da linguagem que ela utiliza: comunicação não verbal, gestos e posturas, entonações etc. O não levar em conta esse contexto impede toda comunicação verdadeira e incita as pessoas a se sentirem alienadas e, consequentemente, a se isolarem umas das outras.

conversando a gente se entende | 15

O capítulo seguinte enfatiza a constante interação que cada um mantém com seu ambiente. Essa interação reforça os comportamentos das pessoas e lhes permite alcançar certo equilíbrio. Num mundo vivo, porém, tanto no âmbito psicológico quanto em todos os outros, o equilíbrio nunca é alcançado de uma vez por todas, sendo necessário adaptar-se a uma realidade em constante evolução. Para conseguir se adaptar de modo adequado, uma pessoa ou um organismo não precisa necessariamente conhecer a origem ou o histórico de todos os seus comportamentos; antes, precisa saber como deixar de reforçá-los para que uma mudança possa por fim se produzir.

O terceiro capítulo ilustra como o equilíbrio de uma pessoa ou de um grupo não se assenta tanto sobre a conformidade a um conjunto de normas gerais e abstratas, mas antes sobre a qualidade dos intercâmbios entre os diversos e respectivos componentes. Esse equilíbrio supõe que cada um possa primeiro aceitar, depois acolher os outros de modo incondicional e, por fim, exprimir seus desejos e suas expectativas, em vez de reprimi-los. Ao deixar de dar a conhecer suas necessidades, a pessoa ou o grupo terminarão por recorrer a mecanismos de sobrevivência de todo tipo, mecanismos esses que os tornarão cada vez mais rígidos, aumentarão seus sofrimentos e alimentarão seus sintomas.

O capítulo quatro demonstra que a busca do equilíbrio, condicionada pelo respeito à norma, mais do que pela qualidade da comunicação, pode engendrar sistemas totalitários que destroem as pessoas. A literatura, bem como a pesquisa em sociologia ou em antropologia, oferece muitos exemplos de instituições que se tornaram autoritárias a fim de preservar as normas que fixaram para si mesmas. Essas organizações sempre acabam por destruir as pessoas que tentam controlar.

O capítulo cinco situa o papel das inevitáveis crises de crescimento que todo organismo deve enfrentar. Essas crises mobilizam as faculdades de adaptação de um sistema, a fim de assegurar seu desenvolvimento e sua expansão. Caso não consiga se adaptar, surgirão sintomas, que são indícios de que o organismo busca restabelecer o estado de equilíbrio anterior à crise. Esses sinais reveladores serão reforçados pelo sistema cujo equilíbrio eles tentam preservar.

O capítulo seis propõe possibilidades de mudança para quem a desejar e se decida a promovê-la. Essa nova perspectiva exige, no entanto, a superação dos medos e das resistências que ela suscita. A mudança implica também o reconhecimento dos verdadeiros obstáculos, sempre evitando transformar em problemas a serem resolvidos as inevitáveis dificuldades da existência com as quais é importante aprender a viver. Entre estas, podemos citar o exemplo do envelhecimento ou da perda de pessoas queridas.

Por fim, o último capítulo faz lembrar que nenhuma comunicação, por mais apropriada e equilibrada que possa ser, impedirá que uma pessoa se veja diante do caráter às vezes trágico da existência, principalmente numa época marcada pela fragilidade do equilíbrio social. Ainda que a abordagem sistêmica possa ajudar a viver melhor, não pode ela responder à questão do sentido a ser dado à vida. Essa questão é do âmbito de outra instância da psicologia; e requer ainda mais atitude espiritual. Esta somente será de fato libertadora caso se dê no contexto em que a pessoa vive, e isso por meio de seus diversos níveis de linguagem. A experiência espiritual permitirá que a pessoa se unifique, em vez de se fragmentar, que assuma seu universo emocional de maneira melhor, que se liberte de seus sintomas e de sua culpa, que encontre o equilíbrio em si mesma em vez de se conformar a um conjunto de normas e, por fim, que se abra para se comunicar e partilhar uma realidade que a ultrapassa.

CAPÍTULO 1

COMUNICAÇÃO E ISOLAMENTO

Quem quer que nós sejamos, situamo-nos sempre em relação a um ambiente físico e social que moldamos e pelo qual somos moldados. Todas as dimensões da nossa pessoa – tanto psicológicas quanto somáticas – também mantêm entre si uma interação constante. Perder de vista essa dinâmica relacional implicaria considerar os seres humanos como realidades intercambiáveis, como bolas de bilhar que fazemos mover pela mesa, sem que as outras sejam afetadas. Muitos sofrimentos resultam do fato de que as pessoas, as famílias ou os grupos aprenderam a funcionar sem levar em conta os laços existentes entre os elementos que os constituem, bem como aqueles que formam seu ambiente. Quando são afetadas pela falta de tempo ou pelos golpes da vida, essas pessoas e esses grupos correm o risco de se tornarem cada vez mais alienados e deslocados.

As disfunções de Sílvio

Sílvio, um jovem de pouco mais de vinte anos, procurou um psicólogo. Já havia algum tempo que sua se-

conversando a gente se entende

xualidade apresentava um problema diante do qual ele se via entre o constrangimento e o pânico. Chegou a pensar que sua vida chegara ao fim, que já nunca mais sentiria prazer. Durante semanas, ele se censurou e se martirizou, sem ousar dizer nada a ninguém sobre o mal-estar que o fazia sentir-se diferente dos outros. Até que, finalmente, decidiu ir a um médico, que nada descobriu de anormal no âmbito fisiológico. No entanto, para confirmar seu parecer, esse médico encaminhou Sílvio a um especialista.

Começou, então, uma série de testes e exames, com inúmeros especialistas. Essas investigações exigiram tempo e, principalmente, muita energia. Algumas eram humilhantes, por causa dos procedimentos exigidos, sem mencionar a angústia da espera pelos resultados. Depois de vários meses de investigação, o problema permanecia o mesmo. Os testes nem sempre chegavam a oferecer uma explicação plausível para o mal-estar de Sílvio, menos ainda permitiam a elaboração de algum plano de tratamento. Por fim, aconselharam-no, talvez fosse o caso de ele consultar um psicólogo.

Durante a psicoterapia, ele tomou consciência de que sua indisposição se situava no contexto mais amplo de sua história familiar. O único modo de defesa que ele encontrara para sobreviver à infância difícil consistia em sorrir o tempo todo. Com seu sorriso, recusava-se também a admitir o abandono e a violência de que fora objeto, negando assim seu sofrimento. Ao agir desse modo, ele negava a seus agressores, quaisquer que eles fossem, o prazer mesquinho da vitória.

Mais tarde, ao longo da vida, Sílvio conservou o mesmo mecanismo de defesa. Quanto mais penosas lhe fossem as situações, mais ele sorria, inconsciente da mensagem ambígua que enviava às pessoas ao redor. Ao final da adolescência, viveu a experiência de relações marcadas pelo desprezo e pela violência por parte dos amigos, que o subjugavam e manipulavam.

Foi no momento de pôr fim a uma dessas relações, na qual ele se sentia particularmente infeliz e explorado, que Sílvio constatou pela primeira vez a disfunção sexual que o afetava. Os exames propostos por seu médico deixavam de levar em conta um dado fundamental: a sexualidade não depende apenas da aparelhagem fisiológica. Deve ser considerada em função do conjunto da experiência de uma pessoa e, em especial, da globalidade de sua vida afetiva. Ao final de seu percurso terapêutico, Sílvio reconheceu que deveria ter consultado antes de tudo um psicólogo. Assim, teria evitado prestar-se a todo tipo de exames que só aumentaram sua angústia, sem lhe permitir tomar consciência da ambiguidade da mensagem que ele enviava aos outros com seu sorriso e sua atitude sempre conciliatória. Ao mesmo tempo que um meio de defesa para ocultar seu sofrimento, o sorriso dele era uma tentativa inconsciente de sedução para encontrar o amor do qual fora cruelmente privado. Em momento nenhum e de maneira nenhuma, ele expressava uma aquiescência aos maus-tratos de que era objeto. Assim que Sílvio tomou consciência das mensagens que transmitia às pessoas ao redor, viu-se em condições de expressar de modo mais adequado sua necessidade de afeto, estabelecendo claramente os limites que pretendia fazer respeitar.

O médico que primeiro o examinara apenas considerou o aspecto fisiológico de sua pessoa. Essa faceta foi estudada independentemente de todas as outras, como se alguém pudesse ser assim dividido. A dificuldade que ele sentia não se explicava unicamente por mecanismos fisiológicos ou dificuldades psicológicas. A solução buscada devia levar também em conta o que esse jovem tentava comunicar às pessoas por meio de seu comportamento.

O fato de ignorar esse vínculo orgânico, que une entre si as diversas partes de um sistema, leva a crer que todo mal-estar pode ser resolvido graças à medicação apropriada. Como se o corpo pudesse ser comparado a uma máquina passível de ser consertada por outras máquinas. O conjunto da situação na qual um mal-estar ganha forma, e da qual ele costuma ser o reflexo, não é levado em consideração. Uma dor de cabeça ou uma gripe serão consideradas por si mesmas, como se não tivessem nenhuma ligação com algum grande cansaço, alguma relação tensa com o cônjuge ou com os filhos, ou ainda uma situação inaceitável no trabalho. O exemplo de Sílvio ilustra bem essa tendência a considerar o indivíduo, e seus diversos componentes, como tendo uma existência sem relação direta com o ambiente.

Tal atitude conduz à fragmentação da pessoa e do corpo humano, o que se manifesta particularmente no domínio da sexualidade, domínio esse em que, devido à valorização excessiva do corpo, se corre o risco de completa desatenção à dimensão afetiva. *Separar a sexualidade do domínio afetivo certamente constitui um dos principais males com os quais se confronta nossa sociedade.* Sem essa dimensão essencial, a sexualidade se torna uma atividade autônoma, que não chega a se inserir no conjunto da personalidade. Essa separação, sem dúvida, não é estranha à proliferação da indústria da pornografia, na qual se encontram isoladas entre si, no interior da sexualidade, a dimensão do prazer e a dimensão relacional.

Deixar de levar em conta o vínculo orgânico que existe entre o sistema biológico e a vida afetiva, bem como entre as vidas familiar, social e profissional, provoca, em prazo mais ou menos longo, a fragmentação da pessoa, da sociedade e da vida propriamente dita. O ser humano acaba por funcionar por partes, cujo corpo corre a todo momento o risco de entrar em colapso. Diversos fatores, como o esporte radical, ou a toxicomania, podem se conjugar para conduzir a essa fragmentação do corpo e da pessoa.

Essa cisão do ser humano só fará reproduzir, no plano individual, a cisão da sociedade. A pessoa se encontra diante de uma sociedade fragmentada, em que a crise dos valores e das instituições, além das dificuldades de ordem econômica, coloca seriamente em questão a necessária solidariedade entre as pessoas e entre as gerações. A abordagem sistêmica vai contra esse fracionamento individual e social porque evita isolar uma variável para melhor estudá-la, como acontece às vezes com a ciência. Todo comportamento é antes percebido como um elemento de comunicação, cujo sentido varia em função do contexto que lhe dá origem e, muitas vezes, contribui para perpetuá-lo.

A hiperatividade de Ivan

As atitudes e os comportamentos sempre adquirem significado a partir dos contextos em que se inserem; não é possível imaginar que uma comunicação possa tomar forma sem se vincular com seu ambiente imediato. Interpretar um comportamento sem levar em conta esse contexto provoca necessariamente muita confusão.

Foi assim que certo dia Ivan foi levado por seus pais a fazer terapia. Seus professores o qualificavam como uma criança hiperativa, e os pais se preocupavam com seu comportamento na escola. Apesar de os resultados escolares de Ivan se situarem na média, os professores lamentavam o fato de ele encontrar dificuldades para seguir as instruções que lhe eram dadas; sem contar que ele falava o tempo todo, interrompia os outros com frequência e parecia não ouvir o que lhe diziam. Pediram então que a criança fosse submetida a um exame neurológico, para verificar se os distúrbios de comportamento que eles constatavam não poderiam ser atribuídos a uma disfunção qualquer de ordem cerebral, que poderia ser tratada com alguma medicação.

O corpo docente formulou então seus pedidos, sem informar-se do contexto familiar em que a criança vivia. Os professores de Ivan ignoravam que ele provinha de uma família imigrada recentemente. Seus pais não haviam encontrado, ao chegar, o paraíso terreno que imaginaram ao deixar o país de origem. Precisaram aprender rapidamente uma nova língua, integrar-se numa cultura diferente, tentando assegurar a sobrevivência da família em um contexto econômico em plena recessão. Sofriam por viver em um lugar frio, em todos os sentidos do termo, e não conseguiam fazer novos amigos. Lamentavam o rompimento dos laços familiares e comunitários que não conseguiram recriar no novo ambiente. Nessas condições difíceis, negligenciaram um pouco, sem se dar conta disso, a educação do filho, confiando essa responsabilidade à irmã mais velha, que, aliás, dispensaria perfeitamente essa incumbência.

Quando os professores de Ivan se deparavam com comportamentos inconvenientes, tentavam modificá--los, sem considerar o contexto em que essas atitudes adquiriam sentido. Foi assim que, segundo esses educadores, Ivan manifestou a Transtorno de Déficit de Atenção e Hiperatividade, que representa hoje o principal problema de saúde mental entre as crianças norte-americanas. A título de referência, o *Diagnostic and Statistical Manual of Mental Disorders* – DSM [Manual Diagnóstico e Estatístico de Transtornos Mentais], publicado pela American Psychiatric Association,[1] identifica um certo número de comportamentos que uma criança deve ter para considerar a hipótese desse transtorno.

Os critérios adotados para estabelecer esse diagnóstico exigem que a criança apresente ao menos seis dos nove principais sintomas de desatenção (por exemplo: não prestar atenção nos detalhes, ter dificuldade em manter interesse na atividade que está sendo realizada, parecer não ouvir quando falam com ela, demonstrar dificuldade em organizar suas tarefas, distrair-se facilmente com estímulos externos etc.), ou seis dos nove sintomas mais conhecidos de hiperatividade ou de impulsividade (por exemplo: mexer com frequência as

---

[1] *Le trouble* déficit de *l'attention/hyperactivité et l'usage de stimulants du système nerveaux central* [O transtorno de déficit de atenção e hiperatividade e o uso de estimulantes do sistema nervoso central]. Linhas diretoras do Collège des Médecins e da Ordem dos Psicólogos, ambos de Quebec.

mãos ou os pés, remexer-se muito no assento, demonstrar dificuldade para ficar sentado, dificuldade para esperar sua vez nos jogos ou nas situações de grupo, buscar responder às perguntas antes mesmo que tenham terminado de formulá-las etc.).

Para estabelecer um diagnóstico, é preciso poder observar esses comportamentos em dois ou mais ambientes diferentes, por exemplo, com a família e na escola. Nunca, porém, são tomados em consideração os fatores familiares, culturais e ambientais que influenciam a criança. Os comportamentos observados por essa análise são antes considerados realidades objetivamente mensuráveis, sem levar em conta o fato de serem, para a criança, um modo de se comunicar com seu ambiente, com sua família ou com sua escola. *Se o diagnóstico de Transtorno de Déficit de Atenção e Hiperatividade negligencia o fato de os comportamentos de uma criança serem intrinsecamente ligados a todos os outros aspectos de sua vida, há o risco de ser aplicado a quase todas as crianças*, de modo variável, em uma ou outra época de seu crescimento, de acordo com a amplitude do limite de tolerância do meio circundante.

No que diz respeito a Ivan, seus comportamentos foram retirados de contexto e considerados portadores de sua própria explicação. Existe, portanto, o risco de que o diagnóstico de que ele é objeto torne suas dificuldades ainda mais insuperáveis. Assim, ou ele sofre de uma *doença* qualquer, e é preciso tratá-lo, ou manifesta má vontade, e precisa ser reeducado. Se for esse o caso, os pais de Ivan não questionarão sua atitude para com o filho, a não ser que reconheçam não terem sido bons pais e se sintam culpados.

A maioria das crianças hoje diagnosticadas como portadoras de Transtorno de Déficit de Atenção e Hiperatividade recebe prescrição de psicoestimulantes. Em sua obra *Quand le jugement fout le camp*,[2] o sociólogo canadense Jacques Grand'Maison observa:

> É preocupante o recurso cada vez mais frequente a essa solução fácil, imediata, mecânica e "serve-para-tudo".* O número de vezes em que se adotou esse recurso tem crescido acentuadamente nos últimos anos. O debate logo se voltou para a redução do número de profissionais na escola. Não discuto aqui a legitimidade desse processo político, mas antes o silêncio a respeito das origens propriamente educativas desse problema de comportamento, especialmente em casa, sem falar na amplitude no meio adulto desse fenômeno relativo à pílula milagrosa.

A utilização desse medicamento foi muitas vezes denunciada como panaceia mágica, prescrita para atenuar não só as lacunas no acompanhamento dessas crianças

---

[2] Título que pode ser livremente traduzido por "Quando se perde o juízo".

* O autor se refere ao metilfenidato, famoso fármaco receitado para o tratamento do TDAH. (N.E.)

do ponto de vista médico ou escolar, como também a ausência de recursos para assegurar uma abordagem que combine vários modos de intervenção. Uma reportagem da revista francesa *L'Express* chega até mesmo a chamá-la de "pílula da obediência". Um número cada vez maior de vozes se erguem contra o tratamento dessas crianças com a anfetaminas, enquanto outros contestam essa nova síndrome, que seria apenas o resultado da falência do conjunto do sistema educativo.

A confusão de Valéria

Às vezes, não são apenas certos comportamentos, mas um conjunto de atitudes e procedimentos de toda uma existência, que não chegam a se inserir num contexto de vida definido; como se a pessoa flutuasse fora de qualquer ambiente e não estabelecesse relações, ou as estabelecesse de forma superficial, com uma realidade qualquer. Foi o que aconteceu com Valéria.

Aos 16 anos, ela se revelava uma adolescente inteligente e amorosa, mas bastante confusa. Vivia com a mãe, uma mulher de pouco mais de quarenta anos. Depois de vários anos de uma existência conturbada, a mãe de Valéria manifestava, no corpo e na alma, todo tipo de mal-estar, de natureza claramente psicossomática, ao que parecia. Vivia em conflito com o ex-marido, com sua própria família e com os vizinhos. Regularmente assediada por ideias de suicídio, tinha às vezes atitudes autodestrutivas. Cabia a Valéria assegurar tanto assistência física quanto apoio psicológico a sua mãe, protegendo-a constantemente de si mesma.

Nessa família, os papéis se encontravam, portanto, invertidos: a filha desempenhava o papel de adulto, em detrimento de sua infância e de sua juventude. Essa tarefa a deixava estressada, a ponto de Valéria já não saber muito bem qual era sua situação. Sentia-se confusa e esgotada. Não sabia o que queria e tinha dificuldade para se situar no tempo e no espaço. Tendo aprendido a perceber o mundo através dos olhos de sua mãe, ela afastava-se de sua própria vida e deixava de lado seus próprios sentimentos. Já não conseguia confiar em suas percepções nem compreender o que se passava ao seu redor. Também não sabia identificar o que vivia interiormente.

Foi assim que, no relacionamento com os amigos, alternavam-se candura absoluta e uma grande desconfiança. O único modo de relação que conhecia parecia ser a fusão, pela qual se identificava em demasia com o outro e tentava colocar-se no lugar dele. Embora cercada de um grupo de amigos, sentia profunda solidão. A ausência de comunicação com as pessoas de seu círculo produzia nela grandes angústias, que a levavam às vezes à beira do desespero. Sua vida, sem estudos e sem trabalho, era completamente desorganizada.

Valéria e Ivan sofriam com o tipo de relação que mantinham com o mundo ao redor, ou com a ausência de tal relação. Valéria não conseguia mais se comunicar com as pessoas do seu círculo, nem consigo mesma. Ivan via suas comunicações interpessoais interpretadas através de uma grade psiquiátrica. No entanto, os mesmos comportamentos, manifestados por pessoas que vivessem em contextos diversos, poderiam ser objeto de um tipo de leitura completamente diferente. Assim, a atividade intensa de Ivan poderia ser percebida como um pedido de atenção ou de enquadramento por parte dos pais. Valéria poderia identificar sua confusão como uma necessidade de confiar mais em suas próprias percepções da realidade, em vez de desacreditá-las a ponto de se submeter totalmente às de sua mãe. *Pode-se dizer o mesmo quanto aos comportamentos e às palavras: eles não têm sentido em si mesmos, mas ganham o significado que cada pessoa aprendeu a lhes dar no contexto em que foi educada.*

Por exemplo, em certos meios, olhar o interlocutor nos olhos parecerá arrogante, enquanto, em outras culturas, abaixar a cabeça diante do interlocutor será interpretado como falta de retidão ou franqueza. Uma chamada telefônica por parte de um amigo, quando se tem muito trabalho a fazer ou se está muito ocupado, não tem o mesmo sentido que um telefonema semelhante em uma longa noite de inverno, quando se está deprimido. Uma piada ou uma frase jocosa pode ser muito engraçada em determinada situação, mas patética em outra. Uma mulher sente-se arrasada com a insensibilidade do marido diante das emoções que lhe expressa. Ela se queixa com uma infinita tristeza de sua impressão de ser menos importante que o cão do casal. O marido responde jocosamente que, se soubesse disso, a teria tratado do mesmo modo que o cão... O resultado dessa conversa, que o marido pretendia humorística, acaba sendo catastrófico, devido às circunstâncias em que se dá. Como se pode constatar, o contexto faz toda a diferença.

A mensagem ambígua de uma avó

Marta educou sozinha seus quatro filhos, sempre exercendo a profissão de contadora numa pequena empresa. Ao chegar perto dos 50 anos, já tendo os filhos se tornado mais autônomos, ela não desejava mais do que ter um pouco de paz e descanso ao lado de seu novo companheiro. Marta então pediu a seu filho Cristiano, um adolescente de 18 anos, que fosse viver em outro lugar. Este, depois de ter abandonado a escola, se recusava a procurar trabalho. Com as suas atitudes, ele mantinha um conflito constante com o novo companheiro de sua mãe.

A avó de Cristiano, informada da decisão de Marta, tomou as dores do neto. Ofereceu-se então para abrigá-lo em sua casa, de graça e sem lhe impor condições. Sem questionar a generosidade dessa avó, podemos nos perguntar qual terá sido a mensagem mais ou menos consciente que ela transmitiu, com sua intervenção, a Cristiano e à mãe dele. Certamente ela desejava ajudar o neto a superar um momento crítico em seu desenvolvimento pessoal. Ao mesmo tempo, porém, ela decidiu, por diversos motivos, apoiar Cristiano na oposição que ele fazia à mãe.

A intervenção da avó pode também revelar uma censura à filha, por causa da nova união, ou ainda uma observação sobre como ela desempenhava o papel de mãe. Marta poderia então interpretar a atitude da mãe como uma indicação de animosidade para com ela, enquanto Cristiano a poderia considerar um gesto de complacência e de generosidade para com ele.

Grande parte do sentido do comportamento dessa avó, e também de Cristiano, provém do contexto em que esses comportamentos se situam e das percepções às quais dão origem. Tais comportamentos podem também ser interpretados de várias maneiras. Cristiano poderia ser qualificado de preguiçoso, manipulador ou rebelde. Na verdade, por causa de numerosos fatores, entre os quais a educação muito protegida que recebera, esse adolescente ficava aterrorizado sempre que adentrava a lanchonete da escola, além de entrar em pânico diante da ideia de encontrar um eventual patrão. Por fim, seria possível criticar a mãe por sua insensibilidade ou indiferença diante do problema do filho. Ou, ao contrário, felicitá-la por tomar as medidas possíveis para torná-lo responsável e autônomo. Todas essas interpretações correm, porém, o risco de ser parciais e incompletas.

De fato, somente cada uma das pessoas implicadas na família será capaz de precisar o sentido que para elas têm cada um desses comportamentos e decisões. A ambiguidade só poderá ser desfeita a partir dos esforços empreendidos por cada um no sentido de esclarecer as mensagens transmitidas aos outros através do comportamento. A qualidade das relações entre essas pessoas funda-se em grande parte sobre o esforço de esclarecer a comunicação tanto no plano verbal quanto no não verbal.

Não existe, com efeito, realidade unívoca mais ou menos objetiva, segundo a qual os comportamentos tenham um sentido universal, válido em todas as circunstâncias e graças à qual seja possível interpretar um comportamento a partir de uma percepção externa. Como salienta o psicólogo e filósofo Paul Watzlawick, por certo o porta-voz mais prolífico e mais esclarecedor da abordagem sistêmica, não existe realidade absoluta, apenas concepções subjetivas, e muitas vezes contraditórias, da realidade. Em sua obra *How real is real? Confusion, disinformation, communication* [A realidade é real? Confusão, desinformação, comunicação], ele sugere o reconhecimento de duas ordens de realidade: a primeira, referente às propriedades físicas dos objetos (tamanho, cor, textura etc.); e uma realidade de segunda ordem, que remete a suas propriedades sociais (gosto ou não gosto de tal objeto; essa realização é ou não é para mim um indicativo de sucesso etc.). As relações constantes, mantidas ao longo da vida, como as que envolvem amizade, as relações no ambiente de trabalho, no meio familiar ou na vida conjugal pertencem a essa realidade de segunda ordem. O significado dessas relações vai variar em função das experiências e das percepções, necessariamente diferentes, das pessoas implicadas.

A coesão familiar ou o exercício da autoridade parental variam bastante de acordo com as diferentes culturas. Por exemplo, a sociedade norte-americana valoriza particularmente as dimensões individualistas. Os pais atribuem grande importância ao desenvolvimento da autonomia e da independência do filho. Considerados sinais de maturidade, esses dois traços de caráter são acentuadamente colocados em primeiro plano na educação. Por outro lado, há culturas que dão mais valor às dimensões coletivas e enfatizam os valores familiares, tais como o respeito à autoridade dos pais, o apoio mútuo e a fidelidade à família.

O contexto ajuda a captar o sentido ou o alcance de um gesto ou de um comportamento. Não basta, porém, por si só para desfazer a ambiguidade que pode acompanhar certo número de comportamentos. Por exemplo, no caso de uma pessoa que participe de uma reunião de trabalho, ou passe uma noite em família sem dizer uma palavra sequer, seu comportamento e sua atitude inevitavelmente transmitirão uma mensagem aos presentes. Inconsciente ou intencional, essa mensagem não deixará de existir. Assim, cada comportamento, ou ausência de comportamento, terá o valor de uma mensagem e será percebido e interpretado como tal pelas pessoas ao redor. Essa mensagem, no entanto, precisa ser esclarecida, caso se queira evitar qualquer ambiguidade. Daí a necessidade da palavra para esclarecer o equívoco que às vezes resulta dos aspectos não verbais daquilo que é transmitido por atitudes, gestos ou discursos.

Além de dever situar as mensagens em seu contexto, a comunicação deve integrar os diferentes níveis de linguagem – verbal e não verbal – que utiliza. O primeiro tipo busca ser objetivo, lógico, cerebral e analítico. Utilizada pela razão e pela ciência, essa linguagem repousa sobre uma convenção arbitrária entre um signo – a palavra – e o objeto designado por essa palavra: mais ou menos como uma convenção decide o valor do ouro ou da moeda. Falaremos então de uma linguagem digital.

Mas a linguagem verbal pode também utilizar figuras, metáforas, símbolos e até mesmo recorrer ao humor. Emprega então uma abordagem global, totalizante, mais do que uma linguagem lógica e racional. Nesse caso, falaremos de linguagem analógica, no sentido de que os signos empregados têm uma relação já não arbitrária, mas de semelhança, com aquilo que designam. Esse tipo de linguagem recorre à capacidade da pessoa em estabelecer relações entre os objetos e em entender, no conjunto, a complexidade do real, em vez de unicamente à faculdade de analisar segundo categorias lógicas. Já não se dirige à dimensão racional da pessoa; recorre ao mundo das imagens, da criatividade e dos sentimentos.

Enfim, essa linguagem é sempre verbal. Como explica o neurologista Boris Cyrulnik, em *Les nourritures affectives* [Os alimentos afetivos]:

> Antes de conversar, é preciso aproximar-se; antes de partilhar nosso mundo interior e de contar nossas histórias, é preciso ver, perceber, saber a quem nos dirigimos, a fim de escolher qual a parte desse mundo pode ser comunicada à outra pessoa. Todo diálogo, mesmo banal, exige que um número inacreditável de sinais sejam percebidos e decodificados para que o significado da conversa seja compreendido.

A linguagem também recorre aos gestos, às atitudes, à entonações, a tudo o que o corpo exprime e que constitui a linguagem não verbal. Esse nível de linguagem, também analógico, como a linguagem verbal metafórica, dirige-se à capacidade de a pessoa captar as relações ou os sentimentos, mais do que sua dimensão lógica ou racional.

Para evitar ambiguidades e mal-entendidos, uma comunicação autêntica deverá, portanto, manifestar a maior coerência possível entre os aspectos verbal, digital e analógico, e o aspecto não verbal que a constituem. Ocorrem problemas sérios quando um desentendimento se instala entre os diferentes níveis de linguagem. Grande parte do trabalho da psicoterapia consistirá em ajudar uma pessoa a tomar consciência da disparidade que pode existir entre aquilo que ela diz verbalmente e o que expressa de diferentes modos. O confronto entre esses dois níveis de mensagem permite que qualquer pessoa possa delimitar melhor o que se passa no interior de seu mundo emocional, favorecendo maior unificação de si própria.

A maldição de Ayla

O papel desses diferentes níveis de linguagem e a confusão que deles pode decorrer são bem ilustrados em um romance em cinco volumes, muito bem documentado do ponto de vista arqueológico e antropológico: *Earth's Children* [no Brasil, *Os filhos da Terra*]. No primeiro volume desse romance, *The Clan of the Cave Bear* [Ayla, a filha das cavernas], a autora Jean M. Auel descreve como os usos e os costumes de um clã primitivo foram profundamente questionados com a chegada da pequena Ayla, acolhida por esse povo depois de um terremoto ter matado toda a sua família. Enquanto os membros do clã se expressavam de modo essencialmente não verbal, a criança acolhida pertencia a um povo em que o domínio da linguagem e do pensamento abstrato há muito fora adquirido:

os membros do clã eram incapazes de se articular com desenvoltura suficiente para se expressar de modo apenas verbal; por isso, comunicavam-se principalmente por meio de gestos e movimentos do corpo, conseguindo matizar ao extremo sua linguagem silenciosa e conferir-lhe uma perfeita inteligibilidade.

Para a tribo primitiva focalizada no romance de Auel, a linguagem se identificava principalmente com o aspecto não verbal da comunicação. Tratava-se, portanto, de uma comunicação que não se limitava apenas a transmitir informação, mas também permitia que as pessoas tomassem consciência do espaço, entrassem em relação com o ambiente e se situassem umas em relação às outras. Esse modo de comunicação não verbal muitas vezes se revela mais autêntico do que a comunicação verbal, pois o corpo não sabe mentir. Como constatou Ayla,

o modo de comunicação dependia muito dos gestos, das expressões e das atitudes para que a mentira não fosse detectável. A própria noção de mentira era ausente da mentalidade, e as únicas tentativas de dissimulação que podiam às vezes acontecer limitavam-se a um falar reticente.

Essa linguagem não verbal revelava-se, no entanto, também mais ambígua. Um gesto, uma atitude podiam às vezes ter significados que precisavam ser sempre esclarecidos no plano verbal. Sem a linguagem verbal, em grande parte incompreensível para o povo que a recebera, Ayla via-se confrontada com um conjunto de costumes diante dos quais se sentia estranha e à luz dos quais suas atitudes e seus comportamentos eram reinterpretados. Precisava aprender esses costumes por imitação, sem nunca recorrer à linguagem verbal. Essa dificuldade, para não dizer impossibilidade, de esclarecer alguns de seus comportamentos teve para Ayla consequências dramáticas.

Foi assim que, depois de comportamentos que aos olhos do clã pareciam desvios de conduta inaceitáveis, o chefe precisou puni-la. Seguindo os costumes de seu povo, ele não teve outra escolha senão pronunciar contra ela a maldição suprema, castigo infligido a um membro do clã reconhecido culpado de uma falta grave. Devido a essa maldição, o membro apontado pelo chefe era excluído do clã. Em outras palavras, deixava simplesmente de existir. Ayla descreveu com grande espanto esse estranho castigo de que fora alvo. O clã não condenava ninguém à morte, mas quem recebia essa maldição passava a ser considerado morto. Essa pessoa via-se então dividida: de um lado, percebia-se viva; de outro, recebia dos demais membros do clã a mensagem de que deixara de existir.

Ayla havia imaginado horrores de todo tipo, ao pensar na maldição que a aguardava, mas a realidade acabou se revelando ainda pior. Ela havia deixado de existir aos olhos do clã e, portanto, também a seus próprios olhos. A partir de então, incapaz de entrar em contato com os outros, ela se tornava cada vez menos em condições de se comunicar consigo mesma e até mesmo de identificar o que sentia. Seu espírito já não fazia parte do mundo dessa tribo. Fora expulso da realidade daquelas pessoas, e pouco lhes importava que o corpo ali presente estivesse frio e imóvel ou quente e animado.

A mensagem transmitida pelos membros do clã aos que haviam recebido a maldição dizia-lhes não somente que haviam sido excluídos, mas que também não mais existiam. Às voltas com tal dilema, os atingidos por esse castigo deixavam-se morrer de fome e de sede. Depois da maldição, Ayla passou a se perguntar se continuava viva. Hesitava entre a percepção de ainda viver e a mensagem enviada pelas pessoas ao redor. Ela já não devia existir, pois seu espírito a havia deixado. Encontrava-se mergulhada num estado de grande confusão, causada pelo fato de ter pertencido por algum tempo a uma sociedade demasiado rígida para se adaptar a uma humanidade em evolução constante.

O povo primitivo descrito neste primeiro volume de *Os filhos da Terra*

> era incapaz de conceber um futuro diferente do passado, incapaz de entrever a menor alternativa para seu porvir... vivia conforme costumes inalterados. Cada faceta da vida, do nascimento até o momento em que os espíritos chamavam os vivos para o mun-

do invisível, calcava-se no passado. A sobrevivência da raça exigia esse imobilismo e, no entanto, condenava seus integrantes a desaparecer mais cedo ou mais tarde.

Ayla teve de aprender a se comunicar em um novo contexto cultural, familiar e social. Depois disso, ao longo da vida, precisou prosseguir esse aprendizado. De fato, após a maldição que a excluiu do clã, ela empreendeu um longo périplo para retornar aos seus. De volta a seu povo, precisou reaprender outras regras, aquelas que havia adquirido na infância, mas que esquecera. Percebeu então que, entre os povos que dominam a linguagem verbal, aquilo que é transmitido verbalmente pode às vezes diferir do que é transmitido de modo não verbal. A capacidade de enviar uma mesma mensagem, qualquer que seja o modo de linguagem empregado, exige que a pessoa seja autêntica, que seja capaz de se colocar à escuta de seus sentimentos e suas emoções e, por fim, que consiga expressá-los com clareza. *Emitir mensagens divergentes, ou até mesmo contraditórias, em diferentes níveis de linguagem, suscita muitos mal-entendidos*, o que leva muitos casais e famílias ao desgaste.

A fusão doentia de Lisa e Lucas

Lisa e Lucas viviam há alguns anos uma união assentada sobre um profundo mal-entendido. A relação apresentava de fato um caráter de fusão, em que cada um tentava atender a suas necessidades, mais ou menos conscientes, por intermédio do outro. Lucas revelava-se um homem ciumento e possessivo, a ponto de se tornar às vezes violento. Sentia a necessidade de controlar constantemente sua companheira; nunca a deixava sair sozinha, a não ser em caso de absoluta necessidade. Quando ela tentava obter certa autonomia, ele fazia cenas muitas vezes acompanhadas de ameaças. Chegava até mesmo a interpretar como rejeição a menor recusa por parte da companheira. Por trás de suas cóleras e ameaças, ele escondia um medo profundo de ser abandonado, que, aliás, o assombrava desde a infância.

Acabou, a certa altura, mudando. Depois de um tratamento psicoterápico, tornou-se menos possessivo e menos dependente afetivamente da companheira. Passando a perceber como esse tipo de relação podia ser sufocante, deixou de esperar que Lisa lhe proporcionasse um antídoto para seu medo do abandono. Passou, então, cada vez mais a descobrir o gosto e a capacidade de viver por si só. Aos poucos foi se distanciando de Lisa que, num primeiro momento, ficou muito satisfeita com essa transformação. No entanto, algumas semanas depois de constatar essa mudança importante no companheiro, ela desenvolveu todo tipo de fobia e viu-se invadida por uma ansiedade cada vez maior, a ponto de precisar abandonar seu trabalho. Chegou ao ponto de já não conseguir sair sozinha e de fazer com que Lucas a acompanhasse em todos os seus deslocamentos.

O comportamento sufocante do companheiro de Lisa, apesar de todos os inconvenientes que apresentava, lhe servira de meio de defesa contra sua própria ansiedade. Agora, porém, que ele havia mudado, a nova atitude ameaçava fazê-la submergir. Como o companheiro já não aceitava desempenhar o papel de protetor, Lisa se viu desprovida. Já não podia culpar Lucas por seu desconforto. Tomou, então, consciência de que seu mal-estar resultava de uma dificuldade há muito existente, desde bem antes de ter conhecido Lucas. De fato, antes de conhecê-lo, ela tivera outros companheiros que eram também protetores e possessivos. Para ela, a escolha de um companheiro parecia se dar em razão de um contrato tácito, segundo o qual ele se comprometia a protegê-la de sua ansiedade.

Lucas, por sua vez, escolhera, também em razão de um contrato subentendido, uma companheira cuja angústia lhe permitia dar livre curso a sua necessidade de posse. Por meio de expectativas recíprocas, cada um deles tentava, de modo mais ou menos confuso, controlar o outro e incitá-lo a atender a necessidades que não tinham sido claramente identificadas. A linguagem verbal dos dois exprimia o desejo de mais autonomia. Mas a atitude e a linguagem não verbal, aquela que haviam aprendido ao longo da infância, e pela qual cada um buscava afeto, expressavam a busca de mais dependência. Quando surgia um conflito entre Lisa e Lucas, não importa por qual motivo, havia sempre uma ligação com o problema de discrepância entre a comunicação verbal e a atitude não verbal dos dois.

Na vida cotidiana, a linguagem não verbal, que permite às pessoas se situarem umas diante das outras, muitas vezes é mais importante que a linguagem verbal, que transmite a informação. Por exemplo, perguntar a alguém "como vai?", diz muito mais respeito a estabelecer uma relação com o outro do que à necessidade de transmissão de uma informação precisa. A comunicação, aliás, sempre desempenhou, qualquer que seja o meio cultural em que tome forma, o papel de estabelecimento de uma relação com as pessoas ao redor e com o ambiente. Além do conteúdo e da mensagem a ser transmitida, ela define o tipo de relação que se estabelece entre as pessoas.

A forma de a pessoa se comunicar traduz o modo como ela percebe a si mesma e também a seu interlocutor. Engloba aspectos não verbais e aspectos contextuais. Por exemplo, não é raro ver casais em que um dos cônjuges, muitas vezes sem ter consciência disso, molda seus comportamentos e suas atitudes em função das mensagens não verbais que o outro lhe envia: gestos de impaciência, ligeiro recuo, olhar interpretado como distraído ou esquivo etc. Essa era a situação em que se encontravam Lisa e Lucas, quando reagiam a suas respectivas necessidades de dependência, contradizendo assim o que expressavam verbalmente.

conversando a gente se entende | 45

A confusão que se instala entre esses dois aspectos da comunicação, que são o conteúdo e a relação, manifesta-se invariavelmente quando se verificam discussões sem fim a respeito, por exemplo, da divisão das tarefas domésticas, da gestão do orçamento ou da educação dos filhos; em outras palavras, sempre que os dois cônjuges se opõem de modo dramático quanto a uma decisão que, em outro contexto, lhes teria parecido banal. As situações mais simples não chegam a encontrar solução quando ocultam um interesse mais importante que não se exprime abertamente.

A psicoterapeuta Virginia Satir estudou bastante a problemática da comunicação entre cônjuges. Reconhecida por sua generosidade e excepcional abertura de espírito, marcou profundamente todo o campo da terapia familiar, do qual foi a melhor embaixadora graças às atividades que empreendeu em diversos continentes. Para ela, enquanto os membros da família se concentrarem no conteúdo do problema, ficarão presos na armadilha das lutas de poder e encontrarão, em decorrência disso, dificuldades para resolver seus conflitos subjacentes.

Esses desacordos geralmente giram em torno da liderança do casal, da divisão do poder e da capacidade de cada um em se deixar questionar pelo outro. Tais conflitos obrigam os casais a esclarecer certos aspectos da comunicação, o que evidentemente supõe que os interlocutores tenham adquirido certo nível de linguagem verbal. Quanto mais a linguagem não verbal se revelar autêntica, mais a linguagem verbal se mostrará precisa, no sentido de bem situar certos gestos e comportamentos em seu contexto.

Quando uma situação de conflito se apresenta e as pessoas não se dão ao trabalho de esclarecê-la por meio do diálogo, as emoções passam a predominar e a se expressar por meio de gestos, tais como a agressividade e a rejeição, mais do que por palavras. De fato, na ausência de esclarecimento pela palavra, o impulso lhe toma o lugar e impede o pensamento de estruturar-se. Cada emoção será então vivida e expressa sem ligação com a precedente, e as pessoas envolvidas vão experimentar uma forma de divisão e de fragmentação no mais profundo de si mesmas.

A unificação da pessoa em um todo coerente exige que se leve em conta as ligações orgânicas que existem entre sistema biológico e vida afetiva, entre vida familiar e compromisso social, entre vida familiar e responsabilidade profissional. A unificação do indivíduo deve se dar no contexto em que ele evolui, um contexto que ganhará um sentido diferente conforme o olhar e as preocupações daqueles que o percebem. Daí a necessidade de aprender a se comunicar não apenas no nível das palavras, mas também das atitudes e dos comportamentos; o que implica, na ocasião, o esclarecimento de qualquer ambiguidade, quando uma mensagem for mal interpretada ou não levar em conta a natureza da relação estabelecida entre duas pessoas: não se fala com uma pessoa idosa do mesmo modo que com uma criança, e nem numa relação de negócios, como se fala com um amigo.

Do mesmo modo, não é desejável fazer um comentário, dar um conselho ou uma ordem sem primeiro levar em consideração a qualidade ou a natureza da relação estabelecida com o interlocutor. Assim, trate-se de uma relação conjugal, familiar ou profissional, importa entender-se previamente quanto aos níveis de responsabilidades de cada um e identificar claramente as pessoas que devem exercer a autoridade. A partir daí, bastará encontrar o tom conveniente para dar ordens e conselhos... e também a atitude favorável para recebê-los!

Capítulo 2

A comunicação, ESPELHO DO AMBIENTE

No capítulo anterior, apresentamos pessoas cujos comportamentos enviam mensagens ambíguas ao meio circundante: a ausência de reação sexual num jovem adulto, a falta de concentração de uma criança na escola, a confusão manifestada por uma adolescente nas relações com os amigos, o apoio que uma avó dá ao neto em oposição à mãe deste e, por fim, o conflito de uma esposa dividida entre a incapacidade de superar sua angústia e o desejo de livrar-se da atitude possessiva do marido. Esses modos de agir, assim como muitos outros, revelam-se insatisfatórios e trazem sofrimento tanto para quem os adota quanto para quem é levado a se adaptar a eles.

A espiral destruidora de comportamentos

Contudo, apesar dos sofrimentos causados por tais comportamentos, estes são constantemente reforçados, de modo mais ou menos consciente, pelo meio circundante. Essa acentuação alimenta sua ambiguidade e impede qualquer adaptação ou qualquer evolução a uma comunicação mais satisfatória. Para escapar dessa espiral destrutiva, será preciso dissipar a ambivalência desses comportamentos, situando-os primeiro em seu ambiente imediato, onde adquirem pleno sentido.

De fato, os diversos elementos de um contexto em que um comportamento ganha forma interagem continuamente uns com os outros, num processo circular em que todo *efeito* retroage sobre sua causa. Consequentemente, o comportamento de cada pessoa influi nos outros elementos de um dado sistema, e é por eles influenciado. A modificação de um dos elementos provocará uma inevitável mudança de todos os outros e, por consequência, do sistema todo. Esse processo circular difere do processo linear no qual os acontecimentos se dividem em *causas* ou *efeitos*. Uma relação assim direta talvez se aplique ao domínio da mecânica ou da física, mas revela-se pouco pertinente no campo das relações humanas.

Os comportamentos dentro de uma família ou de um grupo obedecem a um modelo circular. Cada um dos membros da família age sobre o sistema familiar e é por ele influenciado. *Qualquer mudança num membro de uma família terá consequências no comportamento de todos os outros.* O fenômeno de retroação reforça as atitudes e condutas de cada pessoa, sua percepção da realidade ou a imagem que ela tem do mundo. Muitas vezes, aliás, esse reforço constitui o principal obstáculo para a mudança. Um problema só persiste quando é mantido pelo comportamento do indivíduo ou pelas interações entre ele e seu meio circundante. A atitude de submissão, por exemplo, pode reforçar no outro uma atitude de dominação e vice-versa.

Instala-se então uma escalada da qual os participantes já não veem como escapar, apesar do desconforto que possa resultar da atitude de submissão ou de dominação. Os pesquisadores de Psicoterapia Sistêmica da Escola de Milão enfatizam que o fato de não se levar em conta esse efeito de retroação entre os diversos comportamentos só faz agravar os sintomas de angústia e sofrimento em um dado universo. Esses pesquisadores apresentam o exemplo seguinte: se a família de Jonas o considera doente e os outros irmãos são considerados saudáveis, essa diferença entre ele e os outros aumentará com o tempo. Jonas se tornará mais doente e os outros filhos, por contraste, mais saudáveis.

A abordagem sistêmica não busca modificar o comportamento de cada um dos elementos de um sistema; em vez disso, tenta intervir no âmbito do processo circular estabelecido entre seus diversos elementos. Age sobre os tipos de relações instaladas entre as pessoas, entre os membros de uma família ou de todo um grupo, a fim de romper esse fenômeno de retroação que reforça o comportamento de todos.

A submissão de Franciele

Franciele havia adotado ao longo dos vinte e cinco anos de seu casamento uma atitude de total submissão ao marido. Nunca havia erguido a voz nem ousado emitir qualquer opinião pessoal. Conforme o que aprendera em sua família de origem, era o homem quem trabalhava e trazia dinheiro para casa. Era ele quem detinha a autoridade em casa e não tinha que prestar contas a ninguém. Devido a sua submissão, Franciele chegara a ponto de sufocar todos os desejos e todo interesse pessoal para dobrar-se aos menores desejos do marido, sem nunca fazer o menor comentário. Dentro de seu próprio universo, não passava de uma sombra que tomava a forma dos objetos sobre os quais era projetada. Ausente de sua própria vida, existia somente em função dos outros. Ela se percebia como aquela que devia incumbir-se de todas as tarefas domésticas.

Franciele e o marido viviam com os dois filhos adolescentes, que reproduziam diante da mãe uma atitude semelhante à do pai e somente se dirigiam a ela quando tinham exigências ou críticas a lhe fazer. Desvalorizada, arrasada com tal situação, ela tinha tão pouca consciência de seu valor pessoal, que perdera o gosto de viver e só desejava a morte. O processo em ação nessa família tinha como consequência que, quanto mais submissa a mãe, mais exigentes se tornavam os outros membros da família, por maior que fosse a boa vontade de Franciele. Reciprocamente, quanto mais coercivos os demais membros da família, mais a mãe desenvolvia uma atitude de submissão.

O comportamento de Franciele alimentava um círculo vicioso que corria o risco de perdurar enquanto a família não encontrasse um novo equilíbrio. A submissão e a anulação de si, que ela aprendera na família de origem, justificavam o modo pelo qual os outros a tratavam. Além de aumentar-lhe a escravização, a atitude do marido e dos filhos para com ela confirmava a pouca autoestima que tinha. Nesse contexto, de nada adiantaria exigir da família mais consideração pela mãe, pois todo o comportamento dela estava condicionado a uma atitude de submissão adquirida na infância e desenvolvida na idade adulta. A atitude e o comportamento dos próximos de Franciele apenas puderam mudar a partir do momento em que ela conseguiu transformar a imagem que tinha de si mesma e reforçar sua estima pessoal.

Durante um processo de terapia, ela tomou a decisão de levar mais em conta suas necessidades e de reservar a si mesma um tempo e um espaço para se dedicar a atividades que lhe dissessem respeito. Começou a dizer não para certos pedidos e a expressar sua opinião quando a ocasião se lhe apresentava. Essa mudança de atitude e de comportamento se deu de modo imperceptível, a custo de muito esforço e determinação, tamanho e

conversando a gente se entende

tão profundamente enraizado fora o condicionamento sofrido ao longo da infância. Em razão da herança familiar, ela só existia para prestar serviço aos outros. Essa era a sua percepção da realidade, a qual todos os membros da família reforçavam, mesmo sem perceber, por meio de seus comportamentos.

Quando ela tomou a decisão de levar mais em conta suas necessidades, os membros da família tentaram se opor a essa nova atitude. Acostumados que estavam a percebê-la como uma doméstica silenciosa, era-lhes difícil se adaptar a uma situação em que ela passara a expressar suas expectativas e opiniões. Sua determinação, no entanto, os levou gradativamente a questionar o modo como se comportavam, o qual até então lhes parecia justificado.

A partir do momento em que Franciele começou a ter mais autoestima, não pôde mais aceitar que a tratassem como criada, como doméstica. E assim essa autoestima foi se reforçando. A atitude de submissão que ela manifestara não era inata, mas adquirida por meio da educação que lhe fora transmitida, em determinado contexto familiar, cultural e social. Sua submissão decorria em grande parte das normas, dos valores e dos modelos que lhe haviam sido propostos. *A atitude que desenvolvera fora reforçada por todos os juízos e valorações de que fora objeto ao longo da existência e que alimentavam a imagem que tinha de si mesma.* Foi assim que, embora não precisasse atender às exigências opressivas que lhe faziam seus próximos, continuava a ser influenciada pelos modelos anteriormente adquiridos.

As causas que explicariam tudo

Muitos de nós, quando nos vemos envolvidos em uma situação como a que acabamos de evocar, acreditamos que a mudança só será possível se conseguirmos descobrir por que chegamos a esse ponto, em vez de aprender a derrubar nossos modelos de comportamento. Queremos então saber o porquê de nossos sofrimentos, de nosso mal-estar. Buscamos explicações a qualquer custo. Perguntamo-nos *por que* certos acontecimentos se dão e *por que* certos sentimentos desagradáveis nos invadem em detrimento daqueles que queremos sentir. Essa busca do *porquê* muitas vezes toma a forma de uma pesquisa sobre as origens de nosso sofrimento, como se o fato de identificar as causas atenuasse automaticamente os efeitos.

É assim que, na presença de um sintoma, seja angústia, seja fadiga crônica, muitos de nós nos perguntamos sobre as razões que o fizeram surgir, como se nos fosse possível identificar, em meio a uma infinita variedade, uma ou diversas causas explicativas precisas. Ou, então, como se existisse uma única razão para justificar o fato de nos sentirmos infelizes, inúteis ou rejeitados. Buscar a qualquer preço uma explicação, em vez de buscar *como* melhorar uma situação, tem como consequência direta isolar de seu contexto um comportamento e tornar incompreensível a mensagem que um sintoma tenta nos transmitir ou fazer chegar a nosso ambiente.

Como o comportamento constitui um elemento de comunicação, ele não se explica apenas pelas experiências passadas ou pelas perturbações psicológicas das pessoas em que se manifesta, mas principalmente por fatores que lhe permitem se perpetuar. Para mudar esse comportamento é, portanto, menos importante conhecer o *porquê* do modo de agir do que saber se não seria causado por uma situação financeira precária, uma dependência de álcool ou uma relação complicada com os pais. A mudança não resulta da busca das causas das dificuldades que tivemos no passado, mas antes da modificação da estrutura de nossas relações dentro do sistema no qual nosso comportamento encontra expressão. Toda a dificuldade da terapia consiste, portanto, em fazer com que os integrantes de um mesmo universo se comportem diferentemente a fim de modificar suas interações, de modo que o sintoma já não encontre nenhuma justificativa.

A procura das causas de um comportamento situa-se no âmbito do cérebro ou do intelecto. Visa melhor analisar, compreender e explicar uma situação, em função de um conjunto de normas elaboradas a partir da experiência do passado, na esperança de que essas normas possam também se aplicar ao presente. Todo o domínio das emoções torna-se então objeto de reflexão, diante do qual *aquilo que é* se oculta gradualmente para dar lugar *àquilo que deveria ser*. Tenta-se, dessa forma, moldar a vivência conforme o que *é preciso fazer*, o que *é preciso pensar*, o que *é preciso sentir*.

Em tal contexto, fica impossível basear-se na experiência presente a fim de encontrar um modo de deixar de sofrer. A ruptura do mundo das emoções, que desencadeia essa busca das causas, nos torna muitas vezes menos hábeis para a comunicação com nosso mundo interior, com aquilo que se passa em nós. Watzlawick e seus colaboradores, em *Change; principles of problem formation and problem resolution* [Mudança, princípios de formação e resolução de problemas], qualificam de mito, fortemente ancorado em certo modo de pensar, a opinião segundo a qual só podemos resolver um problema depois de encontrar-lhe as origens e compreender-lhe as causas.

A abordagem sistêmica, ao atribuir menos importância à busca do *porquê* dos sofrimentos, apresenta um ponto de vista absolutamente novo em relação às abordagens mais tradicionais. Leva em conta o fato de que, como afirma Paul Watzlawick, "dependemos inteiramente do reconhecimento de nossa realidade por parte dos outros, que por sua vez exigem que reconheçamos a deles".

Segundo a abordagem sistêmica, as diversas formas de neurose podem ser interpretadas a partir dos modos de interação estabelecidos dentro da família, e não apenas a partir de nossas experiências passadas. Esses modos de agir entre os membros de um grupo se modificarão a partir do momento em que tivermos encontrado uma forma mais satisfatória de nos comunicarmos com nós mesmos e com os outros. Aprenderemos, assim, a esclarecer as mensagens veiculadas por nossos comportamentos, no contexto particular em que se situam, e a encontrar novos modos de transmitir essas mensagens.

Se, por um lado, toda tentativa de abordar desse modo um problema é por muitos considerada o cúmulo da superficialidade, a abordagem sistêmica crê principalmente que *buscar a todo custo uma explicação para o sofrimento não ajuda a aliviá-lo*. Os clínicos estão, aliás, cada vez mais convencidos de que, apesar de o conhecimento das causas de um sintoma poder fornecer explicações corretas, esse conhecimento não produz grandes resultados, para não dizer resultado nenhum, no que diz respeito à melhora desse sintoma. É realmente possível considerar uma situação tal e qual ela se apresenta, aqui e agora, sem necessariamente lhe conhecer a origem ou a causa, e fazê-la evoluir para um resultado mais satisfatório.

De fato, embora determinado comportamento sempre resulte de experiências anteriores e possa se explicar por acontecimentos transcorridos no passado, só o presente contém as chaves para iniciar a mudança. Todo sofrimento por que passamos relaciona-se ao quadro de vida de hoje e terá chances bem maiores de ser aliviado graças ao impulso proporcionado por novas experiências de vida, não pela exploração de lembranças penosas. Concentrar nossa energia no passado muitas vezes impede que uma mudança se produza no presente, única realidade sobre a qual podemos exercer certo poder. Como observa novamente Watzlawick, a busca de causas anteriores é justamente uma dessas "soluções" que engendram seu próprio fracasso, na medida em que, às vezes, a solução escolhida para resolver um problema constitui na verdade um obstáculo para a solução.

Um culpado a todo custo

A procura do porquê e da causa de um comportamento implica o risco de que a atenção e a sensibilidade da pessoa que sofre sejam deslocadas dos acontecimentos do presente para os do passado. Essa atitude conduz inevitavelmente à busca a todo custo de um culpado e a que se alimente, em decorrência disso, uma atmosfera de culpa. Essa questão de procurar um responsável resulta de um reflexo bem ancorado. De fato, diante do espetáculo do sofrimento, nosso ou dos outros, a indicação de um culpado permite o restabelecimento de certo equilíbrio, torna o inexplicável mais compreensível, ou exorciza o sofrimento. O psicanalista francês

Tony Anatrella enfatiza, em *Le sexe oublié* [O sexo esquecido], essa necessidade de encontrar um responsável alheio à pessoa que sofre:

> O homem de nosso tempo esvazia seu interior. Põe para fora todo seu universo e suas representações mais íntimas para encontrar no mundo as únicas razões aos seus tormentos. Quer que suas angústias e suas inibições sexuais venham de um lugar fora de sua pessoa. Precisa, então, descobrir uma causa ou um culpado que lhe sejam alheios.

A busca da causa de um sofrimento na vida de um indivíduo, de um casal ou de uma família muitas vezes se transforma na procura não só de um erro talvez cometido, como também de uma pessoa a quem atribuir esse erro. Será atribuído à própria pessoa (por causa de seu caráter, de seu temperamento ou do diagnóstico que lhe tenha sido feito), ou às pessoas próximas (o cônjuge, os filhos, os pais), ou ainda a toda a sociedade. A busca por um culpado nos leva a perguntar, diante de algum acontecimento penoso, o que será que fizemos para isso nos acontecer!

Assim, os homens e mulheres analisados nos exemplos em que nos detivemos – Sílvio, o jovem às voltas com um problema sexual; Ivan, um menino incapaz de se concentrar na escola; Valéria, uma adolescente confusa nas suas relações com os amigos; a mãe de Marta, que demonstrava complacência para com o neto; Lisa, dividida entre a incapacidade de escapar da angústia e o desejo de livrar-se da atitude sufocante do marido –, todos eles poderiam ver os sintomas justificados por seus distúrbios psíquicos ou pela posição de vítima que adotaram diante seu círculo familiar ou de amizade.

Corriam, porém, o risco de se encontrar diante de interpretações errôneas. De um lado, se essas pessoas eram percebidas como afetadas por distúrbios psíquicos, a mensagem veiculada por seus sintomas escapava às pessoas com quem conviviam; de outro, se eram percebidas como vítimas de seu meio, seus pais, seus professores e as instituições que frequentavam podiam ser alvo de acusações. Nenhuma dessas abordagens permitiria encontrar um modo de melhorar a situação em que essas pessoas estavam mergulhadas. Corriam, portanto, o risco de ser condenadas a se comunicar com o meio próximo unicamente por intermédio de seus comportamentos inadaptados.

A depressão de Elisa

Os Latour, pais de uma menina de 12 anos, Elisa, vieram para uma consulta. Descreveram a filha como uma criança muito depressiva, sempre isolada, que constantemente caía no choro. Seu irmão mais velho, Daniel, de 14 anos, também apresentava problemas de comportamento. Sem amigos na vizinhança e na escola, ele escolhera a irmã como vítima e a assediava sem trégua. A mãe das duas crianças, Ivone, nunca soubera manifestar nenhum sinal de afeto para com o filho, cujo nascimento, segundo ela, comprometera-lhe a carreira. Tendo perdido o controle da situação, gritava o tempo todo e criticava o filho por tudo o que ele fizesse. A mãe manifestava muita rejeição para com Daniel. O pai, Alberto, sentia-se por sua vez desanimado diante de inúmeros dissabores profissionais e financeiros. Insatisfeito com a vida no lar, ausentava-se com a maior frequência possível e parecia ter abdicado das responsabilidades familiares.

Buscar a causa do comportamento dos membros dessa família e tentar explicar por que cada um agia do modo que lhe era peculiar podia conduzir invariavelmente à investigação das características pessoais ou às carências de cada uma dessas pessoas. A fim de diminuir os sofrimentos da família, a menina poderia ser incentivada a procurar a assistente social da escola. Seu irmão poderia participar das atividades socioeducativas do centro comunitário. A mãe poderia ser encorajada a consultar com mais frequência seu médico. O pai poderia ingressar num grupo de apoio, onde talvez reencontrasse o gosto pela vida familiar. Todas essas medidas, porém, apesar das vantagens que possivelmente iriam proporcionar, não conseguiriam mudar a dinâmica dessa família, pelo fato de fazerem abstração do comportamento de cada um no contexto efetivo do cotidiano. Deixam também de levar em conta o fato de que as atitudes de cada um são reforçadas pelas dos outros membros da família.

A reviravolta na dinâmica dessa família se daria quando Ivone e Alberto permitissem que sua vida conjugal encontrasse um novo equilíbrio, quando chegassem a expressar mutuamente suas frustrações, suas esperanças não concretizadas, quando aprendessem a se comunicar um com o outro e com os filhos, de modo a não mais precisarem recorrer a sintomas para expressar suas necessidades e emoções. A depressão de Elisa, os distúrbios de comportamento de Daniel, a impaciência de Ivone, a ausência de Alberto exprimiam o mesmo mal-estar sentido por todos: a dificuldade que as pessoas da família tinham em dialogar explícita e diretamente. Essas pessoas poderiam muito bem colocar com clareza não apenas suas expectativas e necessidades, como também estabelecer as responsabilidades e os deveres de cada um. Poderiam até mesmo descobrir um novo modo de se comunicar.

Uma vez apresentados esses esclarecimentos, Ivone poderia abordar diretamente com o marido as frustrações ligadas à vida conjugal, em vez de descarregá-las sobre o filho. Daniel poderia falar para a mãe, em vez de agredir a irmã, sobre a rejeição que sentia. Elisa poderia chamar a atenção dos pais por outros meios que não a depressão. Alberto poderia reencontrar o prazer

conversando a gente se entende | 63

de conviver com a família e deixar de responsabilizar os outros por sua falta de participação. A mudança se produziria à medida que a família Latour adotasse um novo modo de se comunicar.

Num ambiente como esse, ninguém deve se considerar vítima das más intenções dos outros, nem se sentir culpado por agir de determinada forma. No entanto, *cada um condiciona a mudança de seu próprio comportamento ao comportamento dos outros membros da família.* A busca de alguém a quem atribuir a culpa a fim de explicar as dificuldades familiares só faria reforçar o processo em que cada um se sente implicado e para o qual contribui, apesar de todo o sofrimento decorrente dessa atitude. Um membro da família que se considere vítima se sentirá cada vez menos responsável por tomar iniciativas para tornar sua vida melhor. Antes, esperará que os outros mudem e deem os primeiros passos. Ou então tentará mudar os outros, pressionando-os, sem levar em conta seus desejos ou vontades.

É assim que, agindo do mesmo modo, muitas pessoas se veem prisioneiras de uma relação insatisfatória, na qual investiram muita energia para mudar o cônjuge que não lhes convinha ou que não atendia a suas expectativas. Outros tentaram mudar os pais para conformá-los ao pai ou à mãe que sempre sonharam ter. Ou tentaram mudar os filhos para que correspondessem mais fielmente à imagem que criaram para eles.

Em seu livro *Women who love too much* [Mulheres que amam demais], a terapeuta norte-americana Robin Norwood apresenta vários exemplos de mulheres – e isso também vale para muitos homens – para as quais amar implica renunciar totalmente a si mesmas, a fim de atender às necessidades dos outros. Influenciadas pelas circunstâncias em que cresceram, essas pessoas viram a infância ser-lhes confiscada. Foram induzidas a desempenhar um papel adulto, assumido antes mesmo de atingirem a maturidade emocional. Foi assim que algumas crianças assumiram a responsabilidade por irmãos e irmãs mais jovens, ou tornaram-se confidentes de frustrações e decepções de um dos pais.

Tendo aprendido logo cedo a negar suas necessidades afetivas para ajudar aos outros, esses filhos, quando adultos, procurarão outras ocasiões para se dedicar àquilo que fazem muito bem, isto é, a satisfação das necessidades e das exigências de outros sem levar em conta seus próprios medos, sofrimentos ou necessidades. Ao longo da vida, essas pessoas desempenharão o papel da menina gentil ou do menino corajoso que assumiram responsabilidades que não eram deles. Chegarão ao ponto de procurar obrigações que os oprimam, pois só encontram satisfação quando se sentem responsáveis por outra pessoa. No caso dessas pessoas, esse modo de agir é o único que aprenderam, no meio familiar, para obter o amor e a atenção de que precisavam.

conversando a gente se entende

Já adultos, esses filhos correm frequentemente o risco de atrair para junto de si pessoas imaturas e dependentes, com quem poderão exercer essa necessidade de proteger os outros em detrimento de seu próprio progresso. Essas pessoas *que amam demais* podem atribuir a outros a responsabilidade por sofrimentos que, na verdade, elas mesmas são as únicas a infligir. Na maioria das vezes, porém, sentem-se elas próprias culpadas da situação em que se encontram. A culpa se manifestará então por meio de mal-estar, depressão – tudo o que lhes possa minimizar a responsabilidade pessoal. Sentir-se-ão portadoras de carências psicológicas ou morais que as impedirão de mudar ou de evoluir. Sua atitude equivalerá a uma espécie de renúncia à responsabilidade de melhorar sua situação. Essas pessoas podem se ver, ou ser vistas, como fixadas no passado, incapazes de fazer novas escolhas, culpadas de ser o que são e confinadas a apreciações que não passam de caricaturas de si próprias.

A culpa que sentem essas pessoas *que amam demais* as paralisa. Chega a impedi-las completamente de encontrar novos caminhos para atenuar o sofrimento. Essa culpa as leva a se comportar como vítimas, tanto dos outros quanto de sua própria incompetência, ou de suas fraquezas, ou até mesmo de sua maldade. Para se libertar desse sentimento, podem chegar ao ponto de abdicar das responsabilidades sob o pretexto de estarem doentes. A angústia gerada pela culpa aumenta o perigo de reproduzir indefinidamente os comportamentos do passado que, por sua vez, alimentarão o sentimento de estar cometendo um erro. A única saída para esse círculo infernal consiste em encontrar um meio de diminuir o sofrimento, em vez de procurar alguém a quem atribuir a culpa. *O mais importante é, portanto, expressar melhor as necessidades do presente e encontrar para elas uma resposta satisfatória, em vez de procurar reescrever indefinidamente o passado, ou tentar encontrar culpas e culpados.*

Várias situações podem conduzir as pessoas que se sentem culpadas a buscar saber o que fizeram de errado para atrair para si tais transtornos. Não é raro, aliás, que as vítimas de assédio psicológico, físico ou sexual sejam, de algum modo, consideradas culpadas e acusadas de serem as causadoras de seu próprio infortúnio; como se fosse preciso procurar sempre delimitar a culpa, em vez de encontrar os meios de dar fim a essas situações intoleráveis. A libertação da culpa que procura sempre no passado as causas do sofrimento presente permite colocar a ênfase na obrigação de cada um conduzir sua própria vida, caso queira torná-la mais satisfatória. Essa responsabilidade implica, no entanto, que aceitemos uma eventual mudança, muitas vezes necessária para atingirmos novo equilíbrio na vida.

conversando a gente se entende

CAPÍTULO 3

A COMUNICAÇÃO, FATOR DE EQUILÍBRIO

Como elemento de comunicação, o comportamento adquire sentido não apenas a partir das experiências vividas que o engendraram, mas também dos fatores que o fazem se perpetuar. Os fatos e os gestos dos integrantes de um grupo ou de uma família, assim como os diversos aspectos de uma pessoa, funcionam de modo sistêmico. Isso significa que nossas atitudes e nossa conduta atuam continuamente umas sobre as outras, de forma circular e conforme certo número de regras que lhe conferem uma condição de relativa estabilidade. Esse sentimento de equilíbrio pode ser atingido de dois modos: à maneira de sistemas abertos, ou à maneira de sistemas fechados.

Os primeiros trocam constantemente informações com o meio em que se encontram. Podem assim se amoldar a um ambiente em constante mutação e garantir seu crescimento, apesar das dificuldades com que se defrontam. Podemos citar como exemplo algumas plantas que conseguiram se adaptar a condições climá-

conversando a gente se entende | 69

ticas diversas, ou algumas espécies animais que desenvolveram novas habilidades para poder enfrentar um ambiente hostil. Num outro âmbito, podemos também citar as empresas que conseguiram crescer por terem acompanhado a evolução de seus mercados. Num sistema aberto, o equilíbrio e o desenvolvimento decorrem da qualidade da comunicação entre seus diversos componentes, bem como da comunicação com o meio circundante.

Já os sistemas fechados recusam toda troca de informações com o ambiente. Supõe a existência de modelos de comportamento que obedecem a um conjunto de regras e relações de poder com as quais os indivíduos se identificam e sobre as quais baseiam seu equilíbrio. Esses sistemas funcionam seguindo uma visão hierárquica: os objetos, as pessoas e os acontecimentos se organizam em camadas, em níveis e em categorias. Esses universos fechados encontram equilíbrio no respeito a esses modelos de comportamento.

No entanto, na busca de conformidade à norma, os sistemas fechados acabam por excluir, isolar, controlar, mesmo sob risco de rompimento, os fenômenos, as pessoas ou os comportamentos que se afastem das regras que esses sistemas impõem. Esses sistemas conduzem a que se crie entre as pessoas, assim como dentro das próprias pessoas, compartimentos estanques em função do que deve ou não ser vivido. Os comportamentos desviantes devem também ser eliminados. Os sentimentos percebidos como desagradáveis ou ameaçadores já não podem ser expressos, nem mesmo sentidos. Os sistemas fechados acentuam sua própria rigidez e provocam "desespero, revolta, culpa, medo e ausência de mudança", de acordo com as palavras da terapeuta familiar Joan E. Winter, em seu estudo dos fundamentos teóricos do *Le modèle évolutif de Virginia Satir* [O modelo evolutivo de Virginia Satir]. Num mundo tão hermético, o indivíduo ou o grupo que busque seu equilíbrio por meio da observância de regras e de relações de poder deverá fazê-lo em detrimento de seus sentimentos e de suas emoções, assim se separando de uma parte daquilo que ele é e favorecendo o surgimento de todo tipo de sintomas.

As armadilhas da norma

Maria e Silvano descreviam seus dez anos de vida em comum como um exemplo de frieza e falta de intimidade. Concordavam quanto a qualificar seu casamento de deserto afetivo. Silvano perguntava a si mesmo o que os teria levado a permitir que se instalasse tamanha distância entre sua esposa e ele, apesar da boa vontade dos dois e de seus recursos pessoais consideráveis. A reflexão o fazia concluir que as dificuldades enfrentadas pelo casal deviam-se às provações vividas pela companheira durante a infância. Segundo Silvano, a educação que Maria recebera a tornara incapaz de amar e de manter uma relação de intimidade com outra pessoa. Silvano encontrara para seu sofrimento uma causa explicativa, cuja origem remontava a um passado distante. Essa teoria o fazia evitar qualquer questionamento de suas próprias atitudes e comportamentos.

A companheira, definida e percebida por ele como incapaz de amar, chegara a se considerar a única responsável pela frieza constatada no casal. Sem nada questionar, ela aceitara a visão que o marido tinha a seu respeito. A dificuldade que tinha em se aproximar do marido era reforçada pelo juízo de que ela era alvo. Esse ponto de vista despertava nela uma ansiedade invasora, a ponto de já não aceitar ser tocada fisicamente pelo marido. A argumentação desenvolvida por Silvano para explicar sua situação, mesmo que se verificasse justa, não resolvia em nada as dificuldades do casal. Ao contrário, criava um obstáculo a mais para a aproximação.

Ele desqualificava o comportamento da companheira em função daquilo que considerava estar em conformidade à norma. Educado numa família que valorizava acima de tudo o desempenho, ele aprendera não só a se isolar das emoções como também a desenvolver comportamentos no âmbito do conformismo e da obediência. Sua educação não favorecera a autoafirmação. Mais do qualquer outra coisa, a atitude da companheira era considerada insolência. O questionamento da autoridade dos pais lhe parecera potencialmente destrutivo e, portanto, pouco desejável. Graças ao trabalho e à força de vontade, muitas vezes em detrimento das outras necessidades, Silvano conquistara progressivamente uma situação invejável do ponto de vista profissional. Tornara-se rígido e exigente, tanto consigo mesmo quanto com os outros. O equilíbrio que ele buscava em sua vida e em sua família media-se mais pelo respeito às normas adquiridas em sua educação do que pela qualidade da comunicação consigo mesmo e com os outros.

A relação de Silvano com a companheira tornara-se comparável a uma série de obrigações a serem cumpridas e de esforços de superação. Maria nunca conseguia atender às expectativas do marido nem estar à altura de suas exigências. Não era reconhecida nem recebia estímulo pelo trabalho que realizava. Nada do que fizesse era o bastante, em qualquer âmbito. Até mesmo a relação de intimidade entre Maria e Silvano devia se submeter a uma norma, a do dever, da superação, da obrigação, o que deixava bem pouco espaço para as emoções, o prazer, o descanso ou o relaxamento.

As normas que Silvano desenvolvera no passado, para se sentir aceito pelos pais, já não lhe eram úteis, não estavam de acordo com a realidade de seu casamento. Essas regras, que passara a considerar algo absoluto e que adotava sem sequer se questionar, porque *era preciso*, representavam uma verdadeira armadilha para o casal, mas ele não se dava conta disso. Sua travessia do deserto ameaçava ser longa...

conversando a gente se entende

Os "jogos" em questão

Normas assim tão rígidas e imutáveis desempenhavam um papel semelhante na dupla formada por Lisa e Lucas, já examinada. De modo absolutamente implícito, Lisa parecia ter escolhido um marido que a afastava de sua angústia, enquanto Lucas acreditava ter encontrado uma companheira que lhe permitia dar livre curso a sua necessidade de proteger, a fim de afirmar sua virilidade. Para esse casal, a norma pressupunha que o marido protegesse a esposa e que ela precisasse dele. Cada um dos cônjuges era tributário do outro, para obedecer às normas do outro, sem que disso nenhum dos dois tivesse verdadeiramente consciência. Lisa e Lucas desempenhavam papéis complementares, que proporcionavam sentido ao comportamento de ambos. Qualquer desvio em relação à norma por parte de cada um dos cônjuges colocava em risco o equilíbrio do relacionamento e provocava uma escalada dos meios pelos quais eles buscavam controlar-se mais. Quando os dois finalmente se deram conta das consequências de permitir que tais normas regessem seus comportamentos, eles conseguiram desenvolver um novo entendimento, em que cada um passava a concordar em assumir suas responsabilidades, sem se tornar dependente do outro e sem tentar protegê-lo.

Em sua obra *Games People Play: The Psychology of Human Relationships* [Os jogos da vida: análise transacional e o relacionamento entre as pessoas], o psiquiatra norte-americano Éric Berne desmascara os *jogos* a que muitos se entregam para evitar o enfrentamento da realidade. O termo *jogos* em análise transacional designa certos comportamentos, não por causa do aspecto lúdico, mas devido ao caráter repetitivo: o jogo é o desenrolar de transações ocultas, complementares, que avançam em direção a um resultado definido e previsível. Berne chama de *jogo* qualquer comunicação aparentemente aceitável, de acordo com normas que nos impusemos, sem delas termos propriamente tomado conhecimento. Assim, poderíamos nos impor nunca expressar agressividade ou ternura, no caso de a verbalização desses sentimentos ser proibida na família. Essas emoções reprimidas vão adquirir, então, a forma de repreensões, depressão ou impotência. *Esse tipo de comunicação mascara os sentimentos de medo, angústia, culpa, ou qualquer outro sentimento que nos parece não podermos expressar sem transgredir nossas normas.*

Berne cita o exemplo do marido que se dizia convencido de prestar à sua esposa um verdadeiro favor, ao restringir-lhe as atividades sociais. Ela o culpava do fato de nunca ter aprendido a dançar. Quando, porém, o cônjuge finalmente mudou de atitude, a esposa, já livre para se inscrever num curso, percebeu então que tinha um medo doentio das pistas de dança. O marido a havia impedido de tomar consciência de seus medos. A presença desses *jogos*, num casal ou numa família, engendra normas subentendidas relativas aos sentimentos que podem ser expressos ou sentidos e àqueles que devem ser reprimidos.

Essas normas implícitas permitem, por exemplo, que os sintomas de um cônjuge possam desempenhar um papel de proteção em relação ao outro, de modo a fazer que sejam evitadas muitas situações que poderiam ser fonte de angústia ou de mal-estar para esse cônjuge. Em muitos casais, o equilíbrio entre os cônjuges parece depender dessas normas tácitas. Embora as duas partes muitas vezes se mostrem incapazes de formulá-las com clareza, cada uma delas é extremamente sensível à menor violação. Quem transgredir essas normas tácitas será considerado suspeito e muitas vezes sofrerá rejeição, pois elas colocam em questão o equilíbrio do casal ou da família, que repousa precisamente sobre o respeito a essas normas. As pessoas que apresentem comportamento não apropriado serão desqualificadas e se dirá que se trata de doença, má vontade ou falta de generosidade. As pessoas que lhe são próximas não hesitarão em qualificá-las de loucas, doentes mentais, deficientes, psicóticas ou imaturas.

Essas expressões, aliás, surgem com muita frequência nas reprimendas mútuas que não deixam de ser feitas, ainda que de boa-fé, pelo cônjuge ou pelos membros de uma família cujo equilíbrio repousa sobre o respeito à norma; o outro é que é mau-caráter, incapaz de amar, não é sincero. O eminente psiquiatra Thomas Szasz, professor de psiquiatria em Nova York, publicou mais de duzentos livros em que questiona a psiquiatria tradicional, bem como os métodos de tratamento que atuam contra a vontade dos pacientes. Enfatiza ele o quanto nossa dificuldade em nos comunicar com o outro, que é por assim dizer *fundamentalmente* diferente de nós, muitas vezes leva a encerrá-lo numa determinada percepção, a ser privado de nossa amizade, a ser excluído de sua família ou até mesmo da sociedade.

As atitudes que matam

O filósofo francês Michel Foucault salienta o papel dessa preocupação em excluir da sociedade aqueles que são percebidos como "diferentes". Também historiador, Foucault foi a partir dos anos 1960 uma das figuras mais influentes do cenário cultural francês. Depois de ensinar em diversas universidades francesas e de outros países, foi eleito para o Collège de France em 1970, onde ocupou a cadeira de História dos Sistemas de Pensamento. Embora tenham sido alvo de muitas controvérsias, suas obras sempre situam eventos e saberes sob perspectivas inéditas. Foi o que lhe assegurou, entre outros motivos, o interesse de um grande número de leitores.

Em sua obra *Surveiller ou punir* [Vigiar ou punir], sobre a história da prisão, Foucault cita o exemplo da tremenda peste que foi a lepra na história da humanidade. Para se proteger desse mal, a sociedade recorreu à solução de excluir da cidade as pessoas atingidas. A lepra, com efeito, inspirava terror, como se o corpo refletisse a podridão da alma. O leproso era então rejeitado, banido de sua comunidade e condenado a vagar pela periferia do mundo civilizado. Além disso, assim como a Aids atualmente, despertava todo tipo de preconceito e discriminação. Alguns chegavam a considerá-la um indício de desvio sexual. Diante do mal que ninguém sabia tratar, a exclusão parecia um meio eficaz de defesa. Além da marginalização provocada pela lepra, sobreveio a necessidade de controlar os doentes.

Essa necessidade de controle desenvolveu também num outro contexto, em que era preciso lutar contra a propagação da peste negra. Enquanto a lepra deu origem a rituais de exclusão, a peste negra, por sua vez, fez surgirem outros esquemas disciplinares: o do confinamento, relacionado ao surgimento posterior de nossos asilos e prisões. Essa tendência de recorrer à exclusão e à internação para resolver certos problemas da sociedade perpetuou-se até a nossa época, com o objetivo de corrigir os que são considerados "anormais". Dessa forma, a multiplicação do número de instituições carcerárias não impede o fato de estarem sempre lotadas.

As reações de proscrever e isolar quem é diferente dos outros levam a que se indique um bode expiatório, uma pessoa em quem se projete a culpa sentida no interior do grupo. Para os que transgridem a norma, as medidas corretivas poderão ser rapidamente adotadas. Em nome daquilo que *deveria ser,* esses preceitos recorrem na maioria das vezes à repressão de emoções e sentimentos legítimos e verdadeiros. Essa repressão conduz a um modelo de funcionamento essencialmente fundado sobre o poder e o medo, tornados então necessários para assegurar o respeito à norma. E também dá origem a atitudes totalitárias por parte daqueles para quem, diante das dificuldades da existência ou dos sofrimentos cotidianos, só existe um modo de conduzir a vida, uma única experiência religiosa autêntica, um único modo de lavar o carro, de fazer a limpeza, de educar as crianças etc.

Considera-se assim regulado de uma vez por todas cada detalhe da vida. Além disso, essa atitude costuma ser transmitida de geração a geração. Eugen Drewermann, psicoterapeuta e teólogo, é autor de numerosas obras em que trata de exegese, de filosofia, de psicanálise, de teologia e história das religiões. Em seu best-seller *Fonctionnaires de Dieu* [Funcionários de Deus] ele enfatiza o modo pelo qual *o reforço da norma pode conduzir à alienação do pensamento, a uma existência simbólica ou a uma vida de empréstimo* e a relações acuadas no anonimato de um papel ao qual a pessoa se identifica totalmente.

A atitude totalitária oferece poucas possibilidades de adaptação a realidades novas ou inesperadas como um luto, uma separação, uma decepção ou um fracasso. Considera os comportamentos bons ou maus, normais ou anormais, corretos ou incorretos, conforme estejam ou não de acordo com uma norma absoluta, externa à pessoa e válida em qualquer circunstância. No entanto, o fato de alguém regular sua vida em função do respeito à norma não ajuda a viver melhor, nem a aliviar os sofrimentos. O equilíbrio de uma pessoa ou de um grupo não provirá do conhecimento do que seja normal ou anormal, mas da apreciação recíproca do caráter singular de cada um, definido antes de tudo em função de sua individualidade. O equilíbrio repousa sobre a capacidade de identificar e de comunicar as verdadeiras necessidades e sentimentos, bem como sobre a experiência, assumindo a pessoa a responsabilidade de efetuar as mudanças que a vida exige.

A importância de se aceitar

A capacidade de identificar e comunicar as verdadeiras necessidades parece às vezes se opor aos esforços que fazemos para conservar a apreciação dos outros e preservar a estima que ainda temos por nós mesmos. De fato, desde o nascimento, procuramos agradar aos pais a fim de obter e assegurar a afeição deles. Depois, ao longo da vida, tentamos ser bem-vistos pelos vizinhos, pelos patrões, pelos colegas de trabalho. Para ganhar e manter o reconhecimento e a afeição de pessoas significativas para nós, tentamos de diversos modos nos conformar a seus valores, às normas e às regras de nosso meio. A trajetória de muitas pessoas encontra-se, assim, balizada por esforços contínuos para viver de acordo com os princípios e a educação recebidos ao longo de sua existência.

Cada sistema, cada pessoa e cada família funcionam de acordo com certo número de regras que lhes são próprias. Essas regras podem ser flexíveis ou rígidas, tácitas ou explícitas. O essencial da educação consiste, em grande parte, em transmitir as regras que influenciarão a pessoa, muitas vezes de modo inconsciente, ao longo de toda a sua vida. A aprendizagem de uma comunicação sadia consistirá em tomar consciência dessas normas e em identificá-las com clareza, a fim de poder mudá-las quando se tornarem inadequadas. Na maioria dos casos, essas regras estabelecem a diferença entre o que se diz e o que não se diz, entre o que é conveniente ou inaceitável, gentil ou grosseiro etc. Determinam quais comportamentos serão valorizados, tolerados ou considerados inadmissíveis. Limitam a liberdade de expressão dos diversos membros de uma família ou de um grupo e definem os assuntos sobre os quais se pode falar.

Na busca de reconhecimento, muitos de nós escondemos uma boa parte de nós mesmos, por considerá-la menos digna ou menos aceitável pelas pessoas com as quais convivemos. *Se não conseguirmos aceitar-nos e tentarmos agradar a todos a qualquer custo, dificilmente nos permitiremos ser verdadeiros com nós mesmos e transparentes com as pessoas ao nosso redor.* Buscaremos a felicidade no olhar do outro, a quem nos esforçamos por agradar, em vez de buscá-la dentro de nós mesmos, aonde a aceitação de nossa realidade nos conduzirá ao florescer. O temor de não sermos amados nos levará a ocultar nossos verdadeiros desejos, ou então a expressá--los de modo indireto.

Ao manter insatisfeitas nossas necessidades fundamentais, seremos suscetíveis a buscar uma forma de compensação por meio da delinquência, da toxicomania, da violência com os filhos ou de outros comportamentos desse tipo. As pessoas que se depreciam constantemente se mostram muitas vezes ansiosas e hesitantes. Pouco seguras quanto a seus meios e incapazes de apreciar sua individualidade, interessam-se antes de tudo por aquilo que os outros pensam a seu respeito. Tal percepção da vida torna essas pessoas dependentes das outras, impede a satisfação de suas reais necessidades e entrava o desabrochar de sua verdadeira personalidade.

As pessoas que desenvolveram um forte sentimento de seu próprio valor não dependem dos outros para desenvolver sua identidade. Em sua obra *Pour retrouver la harmonie familiale* [Para reencontrar a harmonia na família], Virginia Satir descreve bem essas pessoas. Ela propõe uma visão do desenvolvimento do indivíduo e da família, fundada sobre o crescimento pessoal, em que homens e mulheres são capazes de apreciar seu caráter singular e o daqueles com quem convivem. Podem assim canalizar suas energias de modo construtivo, desenvolver suas relações com os outros e assegurar-lhes a individualidade. Torna-se então possível reconhecer verdadeiramente quem somos e nos conhecer de modo íntimo. Agindo assim, aprendemos a nos amar e a fazer convergir nossos recursos para desenvolver e alcançar maior bem-estar. Essa autoestima, o sentimento de sermos portadores de um valor singular, será reforçada em função da aceitação incondicional de que desfrutamos em nossas relações com os outros.

A raiva de João

O pai de João o repreendeu quando o menino tinha 5 anos de idade. Num ímpeto de raiva, a criança respondeu que não amava mais o pai. Desgostoso com a reação colérica do filho, o pai foi embora de casa. Antes de partir, ameaçou João dizendo que não voltaria mais e o considerava um menino mau. Algumas horas depois, porém, tendo mudado de ideia, voltou para casa e propôs um acordo com o filho: "Vou ficar com você, mas com a condição de que nunca mais fique com raiva de mim". É fácil supor toda a gama de emoções sentidas por essa criança. Além da confusão experimentada diante da perspectiva de não mais rever o pai, teve uma forte sensação de impotência diante do acordo que lhe era proposto, inseguro quanto a ser capaz de cumpri-lo.

Para manter a afeição do pai e não dar motivo para outra partida, o menino aprendeu a filtrar e a reprimir não só a raiva, mas também toda expressão espontânea de sentimentos. Passou, então, a se sentir culpado sempre que alguma reação lhe escapava. Ao se isolar assim de certas emoções para conservar o equilíbrio no relacionamento com o pai, João chegou a crer que as emoções que reprimia não existissem mais. Aos poucos, foi até mesmo se tornando incapaz de senti-las. Não vividas e não reconhecidas, essas emoções passaram a se expressar sob a forma de diversos sintomas, para os quais uma medicação se fez necessária.

Trinta anos depois, já adulto, João ainda trazia a marca dessa experiência, que contaminava suas relações com os outros e, principalmente, sua vida conjugal. O mecanismo que consistia em negar emoções desconfortáveis, ou em fugir de acontecimentos infelizes, reproduzia-se invariavelmente. Ele ainda refreia a expressão de sentimentos que o perturbam, a ponto de *esquecer* totalmente certos acontecimentos do passado a fim de manter um equilíbrio satisfatório na família. A família, por sua vez, e a exemplo de muitas outras, chegou a inventar seu próprio conjunto de normas e de expectativas em relação ao comportamento de cada um. Estabeleceu, por exemplo, regras explícitas para contrabalançar o todo, como a atribuição de tarefas domésticas.

Por outro lado, problemas dolorosos, como o alcoolismo de um genitor ou o suicídio de um membro da família, serão ocultados por regras subentendidas que tenderão a minimizar esses acontecimentos ou a deixá-los passar em silêncio. É assim que *certas famílias nunca ousam abordar, nem mesmo evocar, certos incidentes desagradáveis, desvios de conduta ou infortúnios.* Sem ser formalmente negados, esses acontecimentos são objeto de uma regra de silêncio, geralmente implícita e inconsciente. Esse tipo de silêncio combinado conduz sempre a disfunções de consequências imprevisíveis.

A psicose de Francisco

Depois de o filho ter sido rotulado de psicótico, uma família veio me procurar. Francisco sentia-se constantemente espiado e vigiado. Tinha fobia de microfones. Na primeira visita a meu consultório, procedeu a um ritual a fim de se certificar de que não havia nenhum microfone atrás das cortinas nem em nenhuma gaveta da sala. Depois de alguns encontros com ele e os pais, tornou-se evidente que esse adolescente só fazia obedecer a uma regra tácita em seu ambiente de vida.

Vários anos antes sucedera um acontecimento dramático na família. Todos os familiares tinham conhecimento do acontecido, e ninguém ignorava que os outros soubessem disso. Ninguém, no entanto, tocava no assunto, apesar de nenhuma palavra de ordem ter sido proferida nesse sentido. O adolescente sentia-se como que investido da responsabilidade de preservar esse segredo familiar e de, com isso, assegurar a sobrevivência da família, aparentemente ameaçada caso fosse divulgado. Daí a importância atribuída a tudo o que pudesse ameaçar tal segredo e a regra tácita que o regia.

O sintoma vivido por esse adolescente não tinha nada a ver com loucura. Seu papel visava simplesmente manter o equilíbrio familiar. Embora costumem ser conhecidos por vários, senão todos os membros da família, certos acontecimentos são considerados tabus e se tornam, por isso mesmo, uma espécie de segredo de clã. A fratria, então, se encontra numa situação desconfortável em que seus integrantes conhecem um fato que todos fingem ignorar. Basta a evocação desses acontecimentos para suscitar a desaprovação geral de todos os que sabem de sua existência. Um segredo desses pode fragmentar a família e conduzir a comportamentos extremos que impedem seus membros de expressar suas necessidades a fim de que a unidade se preserve.

Os assuntos ou os níveis de comunicação autorizados em uma família podem tornar difícil para cada um dos membros a expressão de suas expectativas ou necessidades, principalmente quando essas pessoas estão, de algum modo, unidas a sentimentos relegados à sombra ao longo de sua história individual, a fim de conservar a estima daqueles que lhes são próximos. De fato, para muita gente, sentimentos como raiva, hostilidade, tristeza, ou tudo o que se relacione com o mundo da sexualidade, podem ser vividos como negativos e suscitar angústia. Convém evitar ao máximo a expressão ou até mesmo a simples manifestação desses sentimentos, sob o risco de ser preciso reprimi-los ou abafá-los.

Como lembra Virginia Satir, viver numa família implica experiências de todo tipo a partir daquilo que se vê e se ouve. Algumas dessas experiências alegram o coração, outras fazem sofrer, outras podem até mesmo provocar um sentimento de vergonha. Quaisquer que sejam os sentimentos evocados, se os membros da família não os puderem reconhecer e a eles reagir de modo adequado, tais sentimentos poderão aprofundar-se na obscuridade e carcomer as raízes do bem-estar da família. Os sintomas que então surgem pretendem ser a expressão dos sentimentos considerados não aceitáveis em determinado meio cultural e social e que, por esse motivo, não tinham autorização para se expressar abertamente.

As necessidades de Joana

Também podemos deixar de expressar nossas necessidades ou nossos desejos por medo de despertar nos outros sentimentos desagradáveis. Esse é o caso de uma jovem que aprendeu, ao longo de sua educação, a não agredir ninguém. Apesar de toda a delicadeza que ela sempre demonstrou em seu relacionamento com os amigos, Joana não conseguia estabelecer uma relação amorosa estável e se entristecia com o fato de continuar solteira já estando perto dos trinta anos. Certo dia, porém, conheceu Mário, um homem bastante simpático com quem finalmente conseguiu entrever uma perspectiva para o futuro. A partir do primeiro encontro, os dois praticamente não se afastaram um do outro. Além de estarem sempre juntos, Mário constantemente expressava sua afeição por meio de todo o tipo de gestos de ternura. Joana se sentia sufocada por esse excesso de manifestações, mas não ousava dizer que se sentia invadida e importunada, de medo que seu novo amigo se magoasse.

Aquilo que Joana não dizia claramente se expressava, porém, por meio de uma crescente rigidez na presença de Mário. Essa rigidez adquiria a forma de gestos de impaciência, de esquecimentos de todo tipo e de diversos mecanismos que lhe permitissem tomar certa distância em relação a Mário. Ele, no entanto, não chegava a interpretar corretamente a atitude daquela a quem amava. A manifestação indireta, por parte de Joana, da necessidade de ter mais espaço acabou por gerar tantos mal-entendidos com Mário, que se tornou impossível para os dois continuarem a relação. Joana não ousava expressar claramente suas verdadeiras necessidades, pois temia ser mal interpretada e abandonada. Seu modo de se comunicar estava essencialmente condicionado por duas coisas: em primeiro lugar, pelo modo como ela se reconhecia, isto é, como mulher rejeitada e abandonada; em segundo, pelo modo como ela percebia a relação que vinha mantendo, isto é, como a última chance de encontrar um marido, antes de se tornar desinteressante para os homens.

Entre um casal, o sentido dado às palavras e aos gestos do outro será variável em função de um parceiro se julgar negligenciado ou valorizado, criticado ou apreciado. *Certo número de ambiguidades ganha forma com a imagem que cada um mantém de si mesmo.* Essas dificuldades, ligadas ao grau de estima pessoal de cada um dos parceiros, correm o risco de aumentar, se não houver esforços significativos para esclarecer a comunicação. Daí a necessidade de podermos nos expressar abertamente quanto ao sentido que atribuímos a nossos próprios comportamentos e aos comportamentos dos outros.

Os mecanismos de sobrevivência

Um elemento da comunicação não é apenas uma resposta a outro, mas também um reforço e um estímulo para este último. Assim, cada uma de nossas intervenções dará mais peso à imagem, positiva ou negativa, que alimentamos em relação a nós mesmos. De fato, nossa estima pessoal é questionada sempre que nos encontra-

conversando a gente se entende

mos em uma altercação na qual conhecemos a sequência de argumentos e recriminações do outro. Cada um sabe o que seu interlocutor vai responder e articula sua própria resposta em função disso. Nesse tipo de confronto, buscamos muitas vezes formular as palavras ou proferir as recriminações mais contundentes no tocante ao outro, não tanto por maldade, mas principalmente para preservar nossa estima pessoal. Um intercâmbio assim produz sempre o mesmo resultado. Um dos dois se sentirá profundamente ferido, enquanto o outro se desculpará dizendo que suas palavras foram além do que de fato pensa. A calma então retorna até a próxima discordância. O esclarecimento da situação, a fim de estabelecer novos modos de comunicar, permite que se ponha um fim a esse círculo vicioso.

Quando demonstramos um baixo grau de autoestima – não nos sentimos amados, tememos a rejeição, nos sentimos inadequados etc. –, raramente estamos em condições de esclarecer nossa comunicação com nossos interlocutores. Antes, adotamos mecanismos de sobrevivência. Muitas vezes reagimos de modo rígido e estereotipado aos fatores de estresse pelos quais nos sentimos ameaçados. Todos esses mecanismos resultam de uma baixa autoestima; deixamos então de ser verdadeiros em nossas relações com nós mesmos e com os outros.

As pessoas que não têm autoconfiança costumam deixar para os outros a tarefa de defini-las. Recorrem a esse tipo de mecanismo a fim de reduzir momentaneamente a ameaça à qual se sentem expostas. Parecem, porém, esquecer que esse mesmo comportamento ocasiona um modo de comunicação não funcional. Esses mecanismos se desenvolvem desde cedo no interior da família em que o pai, a mãe ou o filho constituem "a fonte primeira para o surgimento de regras que regem nossas relações com o mundo e no mundo", segundo Virginia Satir. Uma vez elaborados, e apesar dos sentimentos desagradáveis ou dolorosos que desencadeiam, esses modos de agir serão reforçados por reações ambientais, principalmente quando cada um se define em função de sua conformidade a normas, em vez de em função de seu valor pessoal.

Os mecanismos de sobrevivência observados e descritos por Virginia Satir consistem em a pessoa tentar tranquilizar o ambiente em que vive submetendo-se a ele, sem se afirmar; em condenar os outros por meio de tudo o que eles exprimem; em ser racional a ponto de não se deixar tomar por nenhum sentimento; ou em adotar comportamentos e fazer coisas que não têm relação alguma com o contexto em que se expressam. O primeiro desses mecanismos nos leva a nunca pedir nada para nós mesmos, mas, sim, a buscar agradar a todo mundo, a atender a tudo o que nos é pedido ou simplesmente sugerido, ou então a nos desculpar constantemente. Julgamo-nos sem valor. Sem defesa, sem poder, sem convicção, nada fazemos para e por nós mesmos. Só existimos através do olhar do outro, ou da atenção que o outro nos dedica, como se não tivéssemos nenhuma razão de existir por nós mesmos. Como lembra Virginia Satir, em sua obra *Pour retrouver l'harmonie familiale*, "ao esperar o pior, essas pessoas o provocam e geralmente o encontram". A passividade, a fraqueza e a dependência são características desses comportamentos, abrindo assim a porta para um diagnóstico de pessoa depressiva, neurótica ou suicida.

O segundo mecanismo de sobrevivência identificado por Satir consiste em querer controlar os outros. Esse mecanismo leva sempre a condenar as pessoas próximas, o que demonstra abertamente a pobreza no tocante ao valor que se atribui a si mesmo. Busca-se constantemente a falha dos outros para, então, criticá-los. O conjunto do comportamento manifesta hostilidade e tirania, ocultando os sentimentos de vulnerabilidade e de fracasso. Solitária e isolada, essa pessoa só toma consciência de seu valor através do poder que exerce sobre os outros.

Um terceiro mecanismo de sobrevivência consiste em demonstrar racionalidade em todas as circunstâncias, a fim de ocultar o pouco valor atribuído a si próprio. Esse tipo de reação toma muitas vezes a forma da negação dos sentimentos pessoais e de intelectualização do modo de comunicar. Frias e distantes, rígidas e manipuladoras, as pessoas que recorrem a esse mecanismo não se permitem nenhum sentimento e menos ainda se deixar tocar por eles. Envolvem sua fragilidade e vulnerabilidade numa aparência de que nada as pode atingir ou abalar.

Esse era o caso de André, um jovem pai de família incapaz de demonstrar a mínima afeição pelos filhos. Esse pai tentava justificar sua atitude pela indiferença dos filhos para com ele. No entanto, reconhecia também que há muitos anos erguera um muro *com um metro de espessura a seu redor*, a fim de que nenhuma emoção o tocasse e o fizesse sofrer. Para se proteger de seus próprios sentimentos, ele se isolava numa fortaleza interior, acentuando a distância já instalada entre ele e os filhos. Assim, cada qual reforçava o comportamento do outro, bem como os sintomas por meio dos quais tentavam se comunicar entre si.

Por fim, o último mecanismo de sobrevivência leva a pessoa a dissimular a angústia e a solidão com uma atividade excessiva, agitando-se de todas as maneiras possíveis, impedindo com sua atitude inadequada que se estabeleça qualquer comunicação verdadeira.

Esses mecanismos de defesa constituem o alimento diário de muitos casais e famílias. Permitem que se atinja, no cerne das relações, um nível de equilíbrio relativamente estável, na medida em que os mesmos padrões de comportamento e de comunicação são levados a se repetir. Esse equilíbrio, porém, se revela insatisfa-

conversando a gente se entende

tório, visto que *as verdadeiras necessidades e os limites de cada um são ocultados em favor de um conjunto de normas a serem respeitadas.* Essas necessidades reais, mas não expressas, se refugiam no interior do organismo para se transformar em diversos sintomas que serão muitas vezes reforçados pelo ambiente. Muitas sociedades e instituições tanto valorizam o respeito a suas normas que chegam a sufocar não só as iniciativas individuais, como também o desenvolvimento pessoal de seus integrantes. Agora, vamos nos deter em alguns exemplos dessas instituições que se tornaram totalitárias.

CAPÍTULO 4

COMUNICAÇÃO E REPRESSÃO

Correndo o risco de comprometer a saúde e o equilíbrio, muitas vezes nos dispomos a empregar todo tipo de mecanismo para ocultar as emoções e evitar a mudança. Preferimos viver em função do olhar dos outros, em vez de em função de nossas verdadeiras necessidades. A preocupação em corresponder à percepção das pessoas próximas nos leva muitas vezes a funcionar conforme um modelo totalitário. A busca de equilíbrio então se dá unicamente na dependência do respeito à norma, uma norma que com frequência se revela desligada da vida real e que só existe por si mesma.

Muitas instituições encontram-se alinhadas com esse tipo de modelo que pode ser qualificado como *totalitário*. Embora seu principal objetivo devesse ser o de privilegiar modos agradáveis de viver em sociedade, essas instituições acabam isolando, em vez de favorecer a integridade da pessoa e a aproximação entre uns e outros. As instituições que se inspiram nesse modelo tornam-se fonte de alienação para quem as tenha como referência ou delas participe. Os meios a que recorrem

conversando a gente se entende | 95

para enfrentar a mudança mais se assemelham aos da repressão do que a um esforço de adaptação. É por isso que essas instituições estão destinadas, num prazo mais ou menos longo, a desaparecer.

Os pacientes da enfermeira Ratched

Filmado por Milos Forman, o romance *Um estranho no ninho* ilustra bem o aspecto repressivo e totalitário de um sistema que, ao basear seu equilíbrio apenas no respeito à norma, acaba por esquecer as necessidades das pessoas para as quais existe. As personagens do drama vão se fragmentando, a ponto de se identificarem com seu diagnóstico. Os acontecimentos relatados dão-se num hospital em que cada sala se destina a uma categoria de paciente, conforme sejam identificados como casos agudos, crônicos ou violentos. A permanência no hospital só fará reforçar seus sintomas. Alguns deles se tornarão refugo do sistema, especialmente os crônicos. "Quanto a estes, não é apenas para impedi-los de causar danos que estão no hospital; é para impedi-los de ir e vir livremente, pois levariam ao descrédito o sistema de que são o produto", como constata McMurphy, o personagem principal do romance, interpretado por Jack Nicholson no filme de 1975.

McMurphy encontrou problemas com a autoridade em todos os lugares por onde passou: na escola, no exército e na prisão. Não conseguindo reformá-lo, as autoridades penitenciárias a quem ele fora confiado buscam então se livrar desse detento, que consideram um fator de perturbação. McMurphy vê-se rotulado de *psicopata*, diagnóstico a partir do qual seus comportamentos seriam interpretados e que permitiria confiá-lo a uma instituição psiquiátrica. No hospital em que estava reinava uma ordem impecável em todas as salas, devido ao domínio implacável da enfermeira-chefe Mildred Ratched. Uma placa na parede com a mensagem "Parabéns pelo serviço executado pela menor equipe de funcionários deste hospital" atesta a boa reputação do departamento.

A enfermeira Ratched aterrorizava tanto os pacientes quanto os médicos e os demais enfermeiros. Os cuidados oferecidos não obedeciam a nenhum plano de tratamento, mas à capacidade de os pacientes se submeterem às diretivas do hospital e às normas fixadas por ela. A política do hospital revelava-se frequentemente arbitrária e elaborada de modo a atender mais às conveniências do pessoal encarregado dos pacientes do que às necessidades destes. E Ratched fazia de tudo para manter a reputação de seu departamento: da intimidação à manipulação, dos eletrochoques à lobotomia.

Embora não fossem tolos, havia um caderno à disposição dos pacientes para que nele anotassem informações sobre os outros. Eles reconheciam que a grande utilidade terapêutica desse registro parecia principalmente a de acumular informações suficientes sobre uns e outros "para condicioná-los, para que fossem mandados ao pavilhão central onde lhes *consertariam* a cabeça a fim de dar um jeito naquilo que não funcionasse", como observou McMurphy. O questionamento de alguma exigência do regulamento tornava-se uma ameaça para o equilíbrio do departamento e devia ser tratado como tal. O hospital explicava certos fatos e gestos de seus pacientes apenas por fatores intrapsíquicos, fora de qualquer referência ao ambiente hospitalar, e independentemente de outros comportamentos adotados por esses pacientes em circunstâncias diversas.

Desde sua chegada ao hospital, McMurphy questiona toda essa ordem estabelecida. Não aceita ver os pacientes suportarem diariamente o tratamento vexatório, em vez de ousarem enfrentar o mundo exterior. Ao contrário do pessoal do hospital, ele trata como seres humanos os pacientes com quem está internado. Abstrai os sintomas por trás dos quais muitas vezes eles se protegiam e que se apresentavam como o modo de se comunicarem com a realidade.

A atitude de independência manifestada pelo recém-chegado lança-o numa luta de poder com a enfermeira, em que cada um tenta sobrepujar o outro. Cada nova medida repressora aplicada por Mildred Ratched contra McMurphy só faz alimentar a resistência e a contestação. Os outros pacientes são levados a tomar partido no conflito, mais ou menos como se fossem peões de que essa enfermeira se serve para acuar quem contenta sua autoridade. O que mais entra em jogo nesse confronto é a dignidade dos pacientes, menosprezada pela severidade e pela rigidez do sistema hospitalar.

Ratched detinha, entretanto, a autoridade e podia recorrer a múltiplas formas de repressão, dissimuladas sob uma falsa atitude de benevolência ou de compaixão. Mesmo ao concordar em submeter McMurphy ao penoso tratamento do eletrochoque, apenas porque ele se defendera de um vigilante que o agredia, ela afirma sua boa intenção: "Queremos ajudá-lo". Esse recurso aos bons sentimentos para ocultar as piores monstruosidades caracteriza bem o funcionamento dos sistemas totalitários. Diante da determinação do pessoal do hospital em manter a ordem a todo custo, McMurphy tenta adotar um comportamento mais conciliatório. Confiado ao hospital para observação, esperava ele que o bom funcionamento da instituição lhe permitisse recuperar o quanto antes a liberdade. Não podia, no entanto, permanecer calado diante dos procedimentos que continuavam a provocar a despersonalização e a alienação dos pacientes.

Os pacientes desse romance veem aos poucos sua autonomia diminuir em favor de uma normalização, são obrigados a adotar um papel de submissão limitador de seus direitos, os quais, em outro contexto, seriam considerados adquiridos e inquestionáveis: direito a vida privada, liberdade de circulação, liberdade de expressão, liberdade para escolher seu trabalho, seus amigos etc. Como bem diz McMurphy a Billy, um jovem paciente do hospital, essa submissão visa eliminar completamente "o pouco de dignidade que ainda lhe resta e que você se anule debaixo das humilhações".

Os internos tornam-se então reféns de seus respectivos dossiês, que traz o registro do passado de cada um. Também os funcionários tornam-se reféns das normas que Mildred Ratched elaborara ao longo dos anos. Esse passado, vivido em comum por pacientes e enfermeiros, rege a rotina do hospital, como se nada pudesse acontecer. O peso das normas fixadas pelos enfermeiros ocultava as necessidades dos pacientes, que deviam sempre se eclipsar diante das exigências das políticas do estabelecimento. A exemplo da enfermeira-chefe e do pessoal a ela ligado, os pacientes se refugiam numa segurança ilusória que lhes custa a liberdade: "Essa sede de segurança era algo que McMurphy não conseguia compreender; ele que se obstinava a nos tirar do nevoeiro e nos levar de volta ao ar livre, onde éramos presas fáceis", como constata um dos pacientes.

O hospital psiquiátrico apresentado nesse romance perdera de vista a razão de sua existência, isto é, o tratamento dos pacientes que lhe eram confiados. Assim como qualquer sistema fundado sobre um conjunto de normas, tornou-se um fim em si mesmo e as pessoas que dele usufruíam encontravam seu próprio equilíbrio no respeito à ordem e às normas que lhe serviam de garantia. Todo um mundo de racionalização se instalara para justificar a observância dessas regras. Mas esse modo de agir e pensar, diante do qual a vida se ocultava, revelou-se incapaz de aliviar o sofrimento que destruía os pacientes.

Assim como qualquer sistema semelhante, esse hospital estava destinado a uma ruptura que causaria ainda mais sofrimento aos pacientes e traria ainda mais inconvenientes aos funcionários. O embate entre McMurphy e a enfermeira-chefe evolui para um fim trágico, em que ninguém poderia se julgar vencedor. O serviço de Mildred Ratched chega a uma total desorganização, enquanto McMurphy acaba reduzido a um estado vegetativo, ilustrando como as normas isoladas do contexto que as produziu tornam-se regras absolutas que sufocam qualquer manifestação de vida.

Os crimes no mosteiro

Umberto Eco também enfatiza o modo pelo qual um sistema que gira em torno de normas absolutas segue o caminho da ruptura. Professor de semiótica, ensaísta e romancista de renome internacional, Eco situa-se perfeitamente na linha da abordagem sistêmica. Defende que a cultura seja estudada como um "fenômeno de comunicação fundado sobre sistemas de significado", o que antes chamávamos de aprendizado das regras que regem a comunicação.

Em uma de suas obras mais famosas, *O nome da rosa*, também um romance adaptado para o cinema, ele examina sob um ponto de vista crítico um mosteiro que apresenta todas as características dos sistemas que caminham para a ruptura devido à incapacidade de se adaptar a um mundo em constante evolução. A ação se desenrola no fim da Idade Média, numa época que até então considerava a ordem estabelecida como sendo a norma que mantinha a sociedade em equilíbrio. Essa ordem instituída, cuja autoridade presidia a organização do universo e da sociedade, era considerada como tendo sido estabelecida pelo próprio Deus, cuja vontade ela expressava e sobre a qual se assentava o caráter imutável da divindade.

Um novo mundo, porém, surge a partir de então. O desenvolvimento das cidades e a liberdade econômica e jurídica dos burgueses tornam-se, a partir do século XIX, um poderoso fator de emancipação e de independência diante da Igreja e dos poderosos senhores. Assim nascem o comércio, o artesanato e as profissões. O surgimento de uma nova classe de mercadores e artesãos define uma nova relação com o dinheiro, à qual as relações humanas deviam cada vez mais se submeter. Essas realidades novas colocam em questão o equilíbrio da época em que se desencadeiam os acontecimentos narrados por Eco. A transição para um novo modelo social se dá com dificuldade porque todos os setores de atividade encontram-se governados por poderes corruptos.

Em contrapartida, a Itália central é tomada por movimentos que, mais ou menos inspirados por ideias franciscanas, propunham uma vida mais evangélica e mais pobre. As pessoas que participam desses movimentos preconizam uma forma de pobreza radical e voluntária. Contestam o poder do dinheiro e tudo o que ele representa, com isso ameaçando a ordem estabelecida. Questionam tanto o poder do Império quanto a pretensão da Igreja em exercer um domínio temporal. Esses grupos contestadores, mais ou menos religiosos, reúnem toda sorte de elementos, às vezes transformando a luta contra as riquezas em uma série de vinganças particulares ou loucuras sanguinárias.

A propagação desses movimentos, reconhecidos por seu caráter ambíguo, não se faz notar apenas na Itália, mas também em toda a França, como observa Maurice Druon em *A loba de França*, volume 5 da série Os reis malditos:

> Dez mil, vinte mil, cem mil: os "pastorzinhos" caminhavam em direção a misteriosos pontos de encontro. Padres privados de suas funções, monges apóstatas, desordeiros, ladrões, mendigos e prostitutas

conversando a gente se entende 103

juntavam-se àqueles bandos. Uma cruz era levada à vanguarda de tais cortejos, onde moças e rapazes entregavam-se às piores licenciosidades, aos piores excessos. Cem mil caminhantes andrajosos que entram numa cidade para pedir esmola depressa fazem-lhe a pilhagem. E o crime, que, aliás, não passa de acessório do roubo, logo se transforma na satisfação de um vício.

Esses grupos formavam comunidades temidas, manipuladas e perseguidas, tanto por autoridades civis quanto religiosas.

Diante dessa agitação social, os poderes civis e religiosos julgaram necessário combater como heresia o ideal da pobreza, reprimindo por todas as formas os contestadores. Entre os meios de repressão empregados, a Inquisição não foi o menos importante. Tribunal eclesiástico, a Inquisição foi instituída pelo Papa Gregório IX a fim de combater em toda a cristandade os crimes de heresia e apostasia, bem como os atos de bruxaria e magia. Ativa do século XIII ao XVI, suscitou tantas desordens quanto as que quis corrigir. Como constata o monge Guilherme de Baskerville em *O nome da rosa,*

> Muitas vezes são os inquisidores que criam os hereges. Não apenas porque os imaginam quando não existem, mas também porque reprimem com tal veemência a peste da heresia que muitos a contraem por ódio aos inquisidores.

De algum modo, os hereges e os inquisidores reforçavam-se mutuamente. As palavras do monge Guilherme juntam-se às que Drewermann emprestaria a Giordano Bruno, que se preocupava especialmente com a liberdade de consciência, uma das causas suspeitas em sua época. Depois de perseguido por toda a Europa, cai nas garras da Inquisição, é torturado e queimado na fogueira no ano da graça de 1600, devido a sua liberdade de pensamento. Durante seu processo, diz ele a seus torturadores:

> Sois vós que criais a impiedade no homem, assimilando a religião ao medo... por causa disso, os homens tornam-se escravos dóceis e esbirros prestes a executar vossos decretos.

Eis outro exemplo em que *o reforço da norma conduz ao aniquilamento das pessoas.*

O medo como forma de repressão

O mosteiro focalizado em *O nome da rosa* apresenta uma sociedade em que os diversos agentes contribuíam para endurecer a posição dos outros. Os inquisidores se excomungavam mutuamente, o Imperador se opunha ao Papa, este se opunha aos monges franciscanos que apoiavam o Imperador contra ele, tornando-se todos, cada qual por sua vez, suspeitos de heresia. A tempestade que grassava nessa sociedade se encontra também no interior do mosteiro em que Eco situa sua história.

conversando a gente se entende | 105

O romance começa, aliás, com uma evocação reveladora: "Caía naquela noite uma forte tempestade de neve, de flocos cortantes como lâminas, quase como granizo soprado por ventos impetuosos".

Num cenário impressionante e seguindo um enredo policial, uma pequena comunidade de monges organizava toda a sua existência em torno de uma regra absoluta, mas tácita: um segredo que, contido na biblioteca do mosteiro, devia ser mantido oculto. Segundo o bibliotecário do convento, "nem todas as verdades são boas para todos os ouvidos, nem todas as mentiras devem ser reconhecidas como tal por uma alma piedosa".

A tranquilidade do mosteiro é perturbada pela organização de um encontro entre os enviados do Papa e os do Imperador, prelúdio para a restauração de certa paz social, apesar do assassinato de vários monges que estavam prestes a descobrir o segredo da biblioteca. Diante dessa dupla crise, só resta aos monges fazer grassar o medo, meio de repressão bem conhecido da Inquisição, a fim de manter o já frágil equilíbrio. O fervor dos monges é então estimulado pela evocação dos tormentos do inferno. "O que seria de nós, criaturas pecadoras, sem o medo, talvez o mais sábio e mais amoroso dos dons divinos?", observa Jorge, bibliotecário do mosteiro.

Nesse contexto, Guilherme de Baskerville chega ao mosteiro a fim de participar do encontro entre os representantes do Imperador e os do Papa. Esse monge erudito havia renunciado ao papel de inquisidor no dia em que lhe "faltou coragem para investigar as fraquezas dos maus, pois descobriu serem as mesmas fraquezas dos santos". Abbone, abade do mosteiro, pede que Guilherme investigue os assassinatos cometidos nos dias anteriores, não tanto para trazer à tona a verdade, mas por temer que a reputação de seu mosteiro fosse maculada, assim como Mildred Ratched queria salvaguardar a reputação de seu departamento. Abbone procura um culpado para ser excluído da comunidade. Ele se pergunta *por que* os crimes haviam sido cometidos, e não *como* evitar que prosseguissem.

Guilherme, por sua vez, se recusa a considerar os assassinatos como gestos isolados do contexto e da organização geral do mosteiro; recusa-se também a buscar uma explicação que trouxesse à luz os vícios dos monges. Sente que seguir um encadeamento de causas e efeitos haveria de ser tão inverossímil quanto tentar construir uma torre que chegasse ao céu. Não se empenha em encontrar um culpado, antes se esforça para identificar o papel que esses assassinatos desempenham na manutenção do equilíbrio do mosteiro. Suas observações o levam a constatar a que ponto as autoridades se esforçavam para afastar os monges da biblioteca. As manobras dessas autoridades haviam desviado os subalternos da busca da verdade, que era, no entanto, a principal razão de sua existência. Ao agir assim, haviam feito surgir

conversando a gente se entende | 107

sintomas que se manifestaram nos assassinatos cometidos entre os monges e que acabaram provocando a destruição e a ruína do mosteiro.

Umberto Eco descreve um ambiente que reproduz em pequena escala as características da sociedade da época. Voltada sobre si mesma, essa sociedade buscava seu equilíbrio no respeito à ordem, submetendo-se a regras rígidas que alimentavam o medo. Os momentos de crise, inevitáveis nesse período de mudanças sociais profundas, provocavam a repressão, da qual a Inquisição constituía um importante instrumento. Um dos aspectos apreciáveis dessa operação consistia em reconduzir o ser humano à sua dimensão racional, o que implicava considerar irracionais os outros aspectos de sua pessoa e, portanto, mais ou menos demoníacos. A sociedade focalizada por Eco era o adubo da Inquisição, excluindo de seu interior, como acontece em todos os meios fechados, aqueles que não estão de acordo com a norma, bem como os identificados como causadores dos infortúnios dos outros. Essa sociedade repressiva recusava qualquer mudança, qualquer adaptação, e se fazia prisioneira do passado no qual se fechava.

Absolutos que sufocam a vida

Apesar de todas as diferenças, o hospital psiquiátrico e o mosteiro a que acabamos de nos referir manifestam alguns traços em comum. Essas instituições constituem um exemplo bem típico de meio em que as normas podem se tornar absolutas e passar a dominar a vida das pessoas que em torno delas gravitam. O pesquisador canadense Erving Goffman interessa-se especialmente por ambientes como hospitais psiquiátricos, prisões, casernas e conventos. Como pesquisador e estudioso do comportamento social em termos de regras e normas, ele se situa no âmbito das novas teorias da comunicação e da abordagem sistêmica.

Para efeito de suas pesquisas, Goffman utilizou métodos pouco convencionais, não hesitando em participar da vida de pacientes psiquiátricos a ponto de parecer um deles, ou de se tornar mestre em jogos de cassino a fim de conhecer o mundo dos jogadores. Assim, pôde anonimamente observar o interior dos sistemas que estudava. Seu interesse de pesquisador o levava ao estudo das normas sociais que regem o comportamento das pessoas na vida cotidiana. De fato, para ele *os interesses mais importantes da existência dão-se no dia a dia, sem ligação com acontecimentos extraordinários.*

Goffman foi muito criticado pela comparação de realidades aparentemente tão diversas como o hospital psiquiátrico, a caserna e o convento, principalmente ao atribuir a essas instituições características próprias de ambientes totalitários. O cotejo entre instituições de diversos tipos também se verifica no pensamento de Foucault, a quem já nos referimos. As abordagens desses autores resumem-se essencialmente ao seguin-

conversando a gente se entende | 109

te: tais instituições, apesar de suas diferenças, têm uma mesma missão social, que é ocupar-se daqueles que, devido ao seu comportamento, modo de vida ou de pensar, são considerados "diferentes da norma", e costumam adotar as mesmas estratégias. Num primeiro momento, procuram isolar de seu meio natural aquele que é diferente e o confinam num espaço fechado. Depois, dentro desse espaço, vão proceder ao controle de cada um dos aspectos de sua vida, de modo a destruir toda liberdade por meio de regulamentos ou medicação.

As críticas de Goffman ao hospital psiquiátrico não deixaram de causar espanto em muitos psiquiatras! Muita gente, aliás, também pode se surpreender com a inclusão de conventos religiosos nessa categoria. No entanto, autores voltados para contextos bastante diferentes daquele em que se situa Goffman chegam a fazer uma aproximação semelhante. Eugen Drewermann, por exemplo, fala do convento como uma instituição que funciona conforme um modelo totalitário. Seu discurso se baseia no fato de que essa instituição impõe o uso de vestes características que identificam no espaço seus portadores; de que circunscreve o transcorrer do ano e de cada dia em ofícios litúrgicos e horas de prece; de que restringe o contato com a família de origem e os amigos de antes do ingresso no convento; e, por fim, pelo fato de determinar o futuro de seus integrantes quando estes emitem seus votos. Qualquer que seja a razão evocada para justificar esse modo de vida, o simples fato de querer controlar o tempo e o espaço, o passado e o futuro representa uma característica de ambiente totalitário.

Independentemente de qualquer discurso ideológico, Goffman coloca em relevo muitas semelhanças entre os diversos tipos de instituição que estudou e a influência exercida sobre o comportamento das pessoas que as integram, voluntariamente ou não, tais como prisioneiros ou pacientes de instituição de psiquiatria. As instituições totalitárias impõem certos comportamentos em comum: o isolamento em relação ao mundo exterior; a tutela do conjunto das necessidades por parte da instituição; a observância de um regulamento que controla a vida da pessoa; a referência constante a uma missão ou ideologia etc.

Assim, constata Goffman que,

> colocados sob uma mesma e única autoridade, todos os aspectos da existência se inserem na mesma estrutura [...] cada fase da atividade cotidiana se desenvolve, para cada participante, em relação de demasiada proximidade com outras pessoas [...] de acordo com um plano imposto hierarquicamente por um sistema explícito de regulamentos [...] conscientemente concebido em função do objetivo oficial da instituição.

Essas instituições funcionam em isolamento, indiferentes às mudanças que se produzem no mundo exterior e às quais não procuram se adaptar. Muitas famílias e grupos, assim como certas seitas, apresentam características em comum com instituições totalitárias e adotam um funcionamento semelhante.

O conjunto de procedimentos adotados por uma instituição totalitária conduz à despersonalização do ser humano, muitas vezes com a aceitação das pessoas envolvidas. O equilíbrio psíquico dessas pessoas e o tipo de relações que estabelecem entre si subordinam-se aos interesses do grupo. O eu é eliminado e torna-se quase impossível ser verdadeiro diante dos outros e até mesmo se comunicar de modo autêntico. As relações são definidas e prescritas pelo papel atribuído a cada um, que confere um sentido novo aos gestos concretos, que são reinterpretados e situados em outro contexto.

Nessas instituições, o respeito às normas implícitas, indiscutíveis e fixas, que às vezes são colocadas à frente de tudo, complica ainda mais as relações entre as pessoas e aumenta-lhes o sentimento de despersonalização. Do mesmo modo, muitos casais e famílias podem impedir seus membros de serem verdadeiros uns com os outros, confiná-los a papéis prescritos por normas ideológicas, darem um sentido distorcido a seus comportamentos e acabarem despersonalizando seus integrantes devido ao fato de estarem impedidos de se comunicar.

CAPÍTULO 5

A COMUNICAÇÃO,
AGENTE DE MUDANÇA

Na vida de todas as pessoas e de todas as famílias há dias em que a tempestade surge, assim como surgiu no mosteiro focalizado em *O nome da rosa* ou na vida dos pacientes psiquiátricos de Mildred Ratched. Ninguém pode evitar as crises advindas das circunstâncias da existência, em constante transformação. Essas crises podem decorrer de acontecimentos exteriores à pessoa ou à família, como uma perda de emprego, a morte de um ente querido ou dificuldades financeiras. Podem também surgir na consciência de cada um. De fato, é preciso constatar que a vida muitas vezes não corresponde àquilo que prevíamos, que o amor nem sempre é eterno, que nossos pais ou nossos filhos nem sempre se ajustam à imagem que deles tínhamos.

A decepção, a tristeza, a dúvida e o desânimo fazem parte da vida. Esses sentimentos se manifestam especialmente quando temos a impressão de andar em círculos, de trabalhar inutilmente, de nos exaurirmos

conversando a gente se entende | 113

em alguma atividade, de já não saber aonde ir. Quaisquer que sejam as crises com as quais nos vejamos confrontados, o modo de enfrentá-las e resolvê-las constitui a base da construção de nossa personalidade. Esses períodos de provação nos induzem a mudar para sobreviver. A saúde psicológica, como enfatiza o psiquiatra Scott Peck, mede-se não pela ausência de momentos de crise, mas pela capacidade de enfrentar e superar essas fases difíceis quando elas se apresentam em nossa vida.

As inevitáveis crises

Um pai de família discutia com o filho por causa da hora em que o rapaz chegava em casa à noite. O pai exigia que o filho estivesse de volta, nos fins de semana, antes das onze horas, mas o jovem se obstinava em não respeitar a ordem paterna – queria chegar em casa o mais tarde possível e não entendia a importância de voltar antes da madrugada.

Assim como essa, não há família que não se veja diante de momentos de crise em que os incidentes da vida vêm desafiar a capacidade de adaptação. A hora de voltar para casa, os estudos, o orçamento, as tarefas domésticas proporcionam outras tantas ocasiões em que os membros da família encontram a necessidade de negociar um acordo satisfatório para as partes envolvidas ou, ao contrário, fazer oposição.

Uma família pouco acostumada a se comunicar há de se perguntar o porquê da crise, em vez de tentar encontrar uma solução. Essa busca do porquê muitas vezes leva cada membro da família a querer atribuir o erro ao outro. No exemplo há pouco apresentado, o pai acusaria o adolescente de ter pouca consideração por suas preocupações, aliás legítimas. Já o adolescente diria que o pai o sufoca com suas exigências. Cada qual haveria de querer impor seu ponto de vista e procuraria adotar meios de reprimir o outro. Nesse caso, o pai confinaria o adolescente ao quarto, e o adolescente decidiria não mais lhe dirigir a palavra. A crise poderia se agravar se o filho decidisse ir embora, fugindo, ou se os pais o pusessem para fora de casa.

Muitas famílias se recusam a questionar as normas que elas próprias estabeleceram a fim de evitar a adaptação a uma situação nova. Preferem, de modo mais ou menos consciente, recorrer à exclusão, ao isolamento ou ao controle com o intuito de manter o equilíbrio. Por exemplo, diante de um adolescente que não respeita a hora de voltar para casa, muitas vezes os pais simplesmente proíbem as saídas. O recurso a um controle excessivo pode provocar um mal-estar a mais e fazer surgir outros sintomas. Essa dificuldade na família vai exigir melhor adaptação por parte de cada um. Se o problema for tratado isoladamente, sem levar em conta o papel que desempenha na dinâmica familiar como um todo, e da relação do adolescente com os pais, haverá o risco de agravar-se com o tempo e vir a ameaçar o equilíbrio da família.

Por outro lado, em vez de motivo para repressão, a crise pode constituir um apelo a uma adaptação mais satisfatória. Basta que cada um procure, com os outros, um melhor modo de atender às necessidades. No entanto, num contexto em que todos possam se expressar sem vergonha e sem culpa, certas divergências poderão se manifestar – algumas até mesmo inevitáveis –, mas nem por isso comprometerão a qualidade da comunicação nem constituirão ameaça ao equilíbrio da família. Ao contrário, trarão a possibilidade de estabelecer uma nova harmonia entre os familiares. Essas divergências poderão até mesmo representar uma oportunidade de crescimento e transformar-se em circunstância favorável a uma melhor adaptação e a uma melhor diferenciação das pessoas em uma mesma família. Uma experiência desse tipo permitiria também a cada um responder melhor aos diferentes desafios da cada etapa da vida e respeitar cada pessoa em função de sua personalidade e experiência.

Muitos de nós e muitas de nossas famílias podem enfrentar reveses importantes e conseguir transformá-los em oportunidade de crescimento. Outras pessoas, ao contrário, parecem incapazes de atravessar as crises previsíveis trazidas pela vida. Por exemplo, a chegada de um filho com alguma deficiência a uma família pode levar os pais a descobrir reservas insuspeitadas de ternura ou, ao contrário, provocar amargas recriminações entre os cônjuges e até mesmo a separação do casal. A crise representa sempre uma oportunidade de alcançar um equilíbrio novo e de melhor qualidade. *Para se adaptar a uma situação nova, o sistema precisa mudar, e é dessa mudança que resulta a nova estabilidade.* A mudança, embora às vezes provoque fortes resistências, constitui condição essencial para o crescimento.

A comunicação ambígua de Luísa

Luísa seguira uma carreira profissional coroada de sucesso, sem deixar de se ocupar com a educação dos filhos. Ao longo de sua juventude, seus pais a haviam preparado bem para desempenhar o papel de mãe e esquecer de si mesma, a fim de atender às necessidades de sua família. Ela tentara ajustar sua vida a esse ideal, mas, em meio a suas muitas atividades, sentia-se cada vez mais negligenciada por Roberto, seu marido. Devido a sua educação, no entanto, Luísa se sentiria egoísta se exigisse mais tempo e atenção de Roberto. Condicionada pelas frustrações que se acumulavam, passou a acusar o marido de não cuidar suficientemente dos filhos e não cumprir sua parte nas tarefas domésticas.

Cheio de boa vontade e querendo atender às exigências da esposa, Roberto passou a diminuir seu tempo de trabalho, já sobrecarregado, e também o pouco lazer que tinha, a fim de estar mais disponível para os filhos e se dedicar mais à casa. Ao agir assim, tornou-se ainda menor o tempo disponível para Luísa, que continuou a sentir o distanciamento do marido. Ela viu assim a confirmação de suas impressões e passou a criticar ainda mais a falta de interesse dele pelos filhos e pelas tarefas de casa.

A constante exigência de atenção por parte de Luísa, expressa sob a forma de acusações e críticas, tinha como resultado distanciar o marido cada vez mais. A certa altura, Roberto se convenceu de que, não importava o que fizesse, sua mulher jamais ficaria satisfeita. Luísa exprimia suas necessidades de modo indireto, por meio de críticas repetidas e ambíguas que dificultavam ainda mais a comunicação. Assim, ela afundava na solidão e se subestimava ainda mais, quando na verdade procurava mais ternura e intimidade com o marido. Sob o peso das críticas, aquele de quem ela esperava reconhecimento e apoio distanciava-se mais e mais.

Eis um exemplo de como as recriminações constantes sobre a vida cotidiana mascaram necessidades completamente diversas por parte dos cônjuges. As críticas que na verdade buscam expressar maior necessidade de atenção ou de intimidade raramente provocam a reação desejada. Assim, a intensidade da recriminação continuará a aumentar, enquanto cada um dos cônjuges não conseguir expressar claramente suas verdadeiras necessidades, sem se expor ao risco de ser mal interpretado nem se sentir culpado.

Um dia Luísa tomou consciência de que tinha o direito de pedir um pouco de atenção para si, e não apenas para os filhos, ao contrário do que sua educação lhe ensinara. Percebeu que grande parte do sofrimento que tivera ao longo da vida decorria do fato de não ter aprendido a comunicar nem expressar suas verdadeiras necessidades de modo apropriado. As expectativas que não formulava desapareciam de sua consciência e surgiam, de modo indireto e espontâneo, sob a forma de recriminações e queixas. No âmbito do relacionamento do casal, suas críticas incessantes desempenhavam um papel de sintoma. Assim, fenômenos como uma angina, uma bronquite ou uma úlcera podem revelar o tormento de um indivíduo que ignora seus desejos e necessidades. A angústia impede que esses sintomas sejam reconhecidos como legítimos.

Eugen Drewermann, em *Le mensonge et le suicide* [A mentira e o suicídio], acredita que "descobrir o sentido de todas essas indisposições, em vez de reprimir os últimos vestígios de verdade à custa de medicamentos ou de próteses, [...] levará a uma vida nova um pouco menos carregada de angústia". No caso de Luísa, só lhe restava a linguagem dos mal-estares psicossomáticos e dos sintomas físicos para ela se comunicar com o marido. As necessidades não expressas com clareza transpareciam através de alusões, de mal-entendidos e de atitudes equivocadas que provocavam desentendimentos de todo tipo. As pessoas que adotam esse comportamento tornam-se vítimas que já não sabem o que desejam. Essa má relação da pessoa consigo mesma e com os outros só pode fazer surgir o desespero e a destruição.

A fuga dos dois irmãos

Os sintomas expressam um mal-estar e exigem melhor adaptação por parte do sistema no qual eles se manifestam. No entanto, para evitar nosso questionamento, costumamos considerar esses sinais reveladores como prova de má-fé ou de culpa por parte da pessoa em que se dá a manifestação. Jaci e Paulo viviam uma relação conjugal extremamente tensa. Jaci sentia-se oprimida e dominada pelo marido. Paulo, por sua vez, queixava-se de sua mulher; gostaria que fosse mais autônoma e tivesse mais autoconfiança. Os mal-entendidos entre os dois acumulavam-se há anos. A situação tornava-se cada vez mais difícil, a ponto de às vezes a violência ameaçar explodir. A tensão entre Jaci e Paulo afetava todos os membros da família, até que um dia, reagindo a essa situação difícil, um dos filhos fugiu de casa.

Essa fuga poderia ter sido percebida como um meio pelo qual o adolescente procurava comunicar à família e ao círculo de convivência seu desconforto diante do conflito vivido pelos pais. Ignorando que o sintoma serve antes de tudo para expressar um mal-estar, a família optou por considerar essa fuga como prova de distúrbio de comportamento. O jovem foi então confiado a uma instituição especializada, sem que os pais em nada questionassem o tipo de relação estabelecida entre eles. Alguns meses depois, outro adolescente da mesma família imitou o irmão, o que levou os pais a também recorrerem a uma instituição especializada.

Assim procedendo, a família optou por excluir de seu meio os membros que a "incomodavam", em vez de questionar o frágil equilíbrio sobre o qual repousava a relação entre os pais. Em outros casos, sintomas semelhantes podem ser considerados como de natureza fisiológica ou neurológica. Num caso extremo, em certos meios, podem até ser associados a fenômenos sobrenaturais, como a possessão diabólica ou a feitiçaria. Podemos nos convencer, ou nos deixar convencer, de que somos vítimas de forças independentes de nossa vontade e assim recusar a responsabilidade pelos gestos que praticamos; assim como uma família pode minimizar a responsabilidade de algum de seus membros, no tocante a certas palavras ou gestos, e preferir atribuí-los a uma doença ou a forças fora do controle da pessoa. *Há quem se habitue a se comunicar através de sintomas, por meio dos quais atraem a atenção e manipulam os outros.*

conversando a gente se entende

O dilema de Érico

Certas famílias apresentam grandes dificuldades para perceber nos sintomas manifestados por seus membros uma forma de comunicação. Principalmente quando essa dificuldade sobrevém num momento em que a família encontra problemas para se adaptar às transições inerentes aos diversos ciclos da vida. Nicole e seu filho Érico não escaparam de uma cilada desse tipo. Nicole achava-se uma mãe exemplar, mas cumpria seu papel de modo extremamente possessivo e superprotetor. Como o filho mais velho apresentara distúrbios de comportamento, ela queria evitar reviver os mesmos problemas com o caçula, Érico, que chegava ao período da adolescência. Além do problema da obesidade, esse jovem adolescente sofria de isolamento social e atraso escolar.

Frustrada devido aos problemas apresentados pelo filho, Nicole decidiu trazê-lo à consulta, depois de ter procurado todos os recursos de saúde mental disponíveis na região onde morava. A frustração de Nicole era proporcional às exigências que ela própria determinara. De fato, do sucesso da educação desse filho dependia não apenas sua valorização como mãe, como também sua autoestima. Ela mantinha com ele uma relação simbiótica, em que lhe dedicara toda sua vida e esperava que esse filho a consolasse por todos os infortúnios e fracassos que tivera, não apenas com o filho mais velho, mas também por sua vida como um todo.

Todos os recursos médicos ou comunitários consultados por Nicole haviam lhe chamado a atenção para o excesso de expectativas em relação a Érico. Mas seu desejo de fazer do filho o sucesso de sua vida a impedia de questionar-se. Para ela, a personalidade de Érico funcionava com um sistema fechado, independentemente das expectativas de seu círculo de convivência. Ela sonhava com uma medicação ou um tratamento milagroso que ajudasse seu filho a superar todas as dificuldades. Recusando-se a pensar de outra forma, passou a hostilizar os recursos que consultava. Chegou até mesmo a concluir que ninguém podia, ou queria, lhe oferecer a ajuda desejada. Sentia-se incompreendida, condenada a permanecer sozinha diante de uma situação que a ultrapassava e fazia sofrer. Em sua angústia, buscou novamente conforto junto a Érico, protegendo-o ainda mais.

Por sua vez, esse filho mais jovem julgava-se obrigado a proteger a mãe, que também ele acreditava incompreendida pelos familiares e amigos. Dividido entre o desejo de se tornar autônomo e o sentimento de culpa, Érico assumia cada vez mais o encargo de cuidar da mãe, isolando-se ainda mais e causando ainda mais prejuízo a seu rendimento escolar. As tímidas tentativas de libertar-se da influência da mãe não chegavam

conversando a gente se entende 123

a ser percebidas como um indício da relação sufocante que mantinham. O desejo de Érico, no sentido de obter mais autonomia, era percebido por sua mãe, vítima da própria insegurança e da baixa autoestima, como falta de reconhecimento diante de tudo o que fizera por ele. Érico chegou a aceitar essa interpretação e a considerar a conquista de autonomia uma falta de lealdade para com a mãe.

Assim, sem se dar conta, Nicole não permitia que o filho evoluísse. O essencial para ela consistia então em assegurar a própria sobrevivência, pouco importava se em detrimento de si própria ou do filho. Não tendo aprendido a atender a suas próprias necessidades, ela buscava cuidar de qualquer outra pessoa. Queria que o filho crescesse *para que se orgulhasse dele*, mas sem deixar de depender dela. Diante dessas duas exigências paradoxais por parte da mãe, Érico via-se duplamente pressionado: afirmar sua autonomia, mas do modo indicado por sua mãe.

Diante do irrealismo das expectativas da mãe, aumentaram os comportamentos problemáticos de Érico. Com sua ambivalência, Nicole reforçava a extrema dependência do filho, bem como a sintomática obesidade decorrente dessa relação. Por fim, os comportamentos de Érico foram interpretados como resultantes de uma carência pessoal: ele foi diagnosticado como *esquizofrênico*, para grande alívio de Nicole, que deixou de se sentir questionada. Então ela pôde continuar protegendo o filho, a quem foi prescrita uma medicação "apropriada".

O equilíbrio do universo de Nicole fundamentava-se, portanto, no desarranjo de um de seus integrantes, que a família tendia a manter tal e qual. A mudança tão desejada, ou seja, a maior autonomia de Érico, foi também fortemente temida por Nicole e, por esse motivo, ela a impediu. Certas famílias assim *escolhem*, sem necessariamente desejar, ter um de seus membros como *paciente diagnosticado*. A pessoa é então induzida a desempenhar na família o papel de *doente*. Aprende gradualmente a representar, sem se dar conta disso, o papel que dela esperam. Verifica-se então uma distorção do processo de aprendizado.

Assim, em vez de procurar se comunicar consigo mesma e com os outros, a pessoa identificada como doente se comunica pelo viés de seu sintoma. Ela o verá reforçado e, bem inconscientemente, acentuado. Esse sinal não resulta do acaso; é a manifestação das dificuldades encontradas por um dos pais, dos conflitos vividos entre os cônjuges ou entre os membros de uma mesma família. Os sintomas do paciente identificado cristalizam o mal-estar familiar, desviando a atenção dos problemas mais profundos do casal ou da família. Esses conflitos são então projetados num dos filhos, que sofre a influência dos desejos inconscientes de um ou de ambos os pais.

conversando a gente se entende | 125

O doutor Michel Lemay, psiquiatra e professor da Universidade de Montreal, publicou várias obras no campo da Psiquiatria Infantil. Em seu livro *Psychopathologie juvénile* [Psicopatologia juvenil], enfatiza como uma criança pode encarnar e exprimir o mal-estar das pessoas ao redor:

> Muitas vezes parece que uma criança se torna o bode expiatório de toda a família, o que faz com que essa família libere agressividade sobre um de seus membros sem correr o risco de uma ruptura. Estamos convencidos de que as manifestações delinquentes de um filho ou uma filha podem ser passagens inconscientes ao ato de uma constelação familiar cujos desejos agressivos assim encontram paliativo momentâneo.

Esse filho, simbolicamente carregado de todas as dificuldades da família, encontra-se fechado em seu passado, como se não pudesse mais continuar sua evolução. Desvia a atenção dos problemas mais estruturais de um sistema, o da família, ou, num outro âmbito, o da sociedade. Esse fenômeno do bode expiatório, ou do paciente diagnosticado, impede que haja mudanças.

A dupla pressão

Érico e sua mãe estavam envolvidos num modo de comunicação que não lhes parecia possível mudar e que ambos reforçavam continuamente, sem se darem conta disso. Dar fim a esse processo circular implicaria que cada um deles pudesse fazer que o outro notasse a ambiguidade de suas mensagens e o convidasse a esclarecê--la. Tal providência, no entanto, seria percebida como ameaçadora, pois poderia levar à rejeição e desencadear um sentimento de culpa ainda maior. Nem Érico nem sua mãe tinham autoestima suficiente para formular tal pedido. Sentiam-se, portanto, condenados a reproduzir interminavelmente um passado que deploravam, sem sentir que podiam mudá-lo.

Devido à pouca consideração que seu integrantes demonstram entre si, diversas famílias veem como uma ameaça a seu frágil equilíbrio certos comportamentos que, em outros contextos, poderiam ser sentidos e interpretados como sinal de evolução e maturidade. Assim agindo, impedem um filho de ser mais autônomo, uma mulher de se afirmar mais diante do marido, um pai de se envolver mais concretamente na educação dos filhos.

Certas famílias não conseguem se adaptar a uma situação nova. Identificam as pessoas com seu passado, sem lhes reconhecer a capacidade de mudar. Nesse contexto, a verdadeira personalidade dos pais ou dos filhos não consegue se expressar. Cada qual parece condenado a repetir um papel no qual a família o mantém encerrado. É mesmo difícil criar um vínculo de confiança e de intimidade, se as palavras ou os gestos não têm o sentido que a pessoa lhes dá e se são constantemente reinterpretados pelos outros em função de suas preocupações. Essa situação só poderá evoluir se cada membro da família conseguir esclarecer o sentido de seus gestos e de suas palavras. A atitude dessa família favorecerá então um clima de intimidade que permitirá falar com o outro de modo a melhor explorar seu mistério. Esse tipo de intercâmbio, desprovido de qualquer crítica e de qualquer justificação, será suscetível de libertar a pessoa do passado no qual muitas vezes foi mantida prisioneira.

A família de Nicole não favorecia a autonomia nem a intimidade, pois estava acuada numa situação de *dupla pressão*. Elaborado pelo estudioso da comunicação Gregory Bateson e seus colaboradores, e apresentado na obra *Towards an Ecology of Mind* [Rumo a uma ecologia da mente], o conceito de *dupla pressão* tem uma importância considerável em psicoterapia, devido ao fato de situar a doença mental numa perspectiva sistêmica, isto é, num âmbito em que uma grande parte de seu sentido encontra explicação no contexto em que a doença se desenvolve. Reconhece-se uma situação de *dupla pressão* a partir de três características. Em primeiro lugar, o indivíduo está envolvido em uma relação intensa, em que para ele é da maior relevância determinar com precisão o tipo de mensagem que lhe é comunicado, a fim de que possa responder de modo apropriado. Em segundo lugar, ele está às voltas com uma situação em que o outro transmite duas mensagens contraditórias. Por fim, é incapaz de diferenciar as mensagens que lhe são transmitidas e de reconhecer aquela à qual ele deve responder.

Uma situação de *dupla pressão* acontece, portanto, quando duas pessoas, uma em presença da outra, enviam mensagens contraditórias às quais elas não podem escapar e se veem incapazes de esclarecer a relação que mantêm entre si. Érico recebia uma mensagem ambígua: sua autonomia era ardentemente desejada e, ao mesmo tempo, intensamente temida. Nicole tinha por ele sentimentos confusos de hostilidade ou de angústia. Não ousava, porém, admitir a si mesma que esses sentimentos estavam relacionados a uma gravidez difícil, o que despertava nela um sentimento de culpa insuportável. Cada vez que o filho se aproximava para expressar ternura ou afeto, ele fazia surgir na mãe emoções confusas que a levavam a se recolher para dentro de si mesma.

Esse recolhimento da mãe era percebido pelo filho como uma forma de rejeição. Caso ele não insistisse mais e se retirasse, a mãe compensava a hostilidade ou a angústia sentida em relação ao filho manifestando uma solicitude exagerada. Por outro lado, se o filho respondia a essa nova manifestação da mãe aproximando-se dela outra vez, ela se retirava de novo, recomendando que ele fosse mais autônomo. Assim, sentia-se rejeitado também pela falta de autonomia. Se, ao contrário, o filho, não respondesse à solicitude da mãe e persistisse em se manter afastado, despertava nela o sentimento de culpa por não ser uma boa mãe. Ele se sentia então rejeitado por causa de sua frieza ou de sua ingratidão.

Como se pode constatar, essas duas pessoas se encontravam na impossibilidade de esclarecer suas mensagens contraditórias. De um lado, Nicole não conseguia aceitar a ambiguidade de seus sentimentos. De outro, Érico não ousava fazer a mãe tomar consciência dos movimentos de recuo diante de manifestações de ternura e afeto. Sua hesitação fundamentava-se no medo de magoá-la ou decepcioná-la, "de fazê-la sofrer", como habitualmente se diz. Queria evitar perdê-la e ser rejeitado mais uma vez devido à insolência ou à falta de delicadeza. Ele se via acuado dentro de uma relação da qual não conseguia escapar e que lhe era impossível esclarecer.

No tocante à relação com a mãe, corria o risco de ser rejeitado caso interpretasse corretamente o que ela expressava por meio do comportamento não verbal, ou seja, certa forma de hostilidade. Ele se expunha, no entanto, ao mesmo tipo de reação, caso procurasse explicar suas próprias atitudes como um desejo de mais intimidade. Assim, ele se via acuado numa situação de dupla pressão, em que aprendia a interpretar mal suas próprias mensagens interiores e também aquelas que recebia dos outros.

Além de não ter a confirmação de seus sentimentos, Érico se via numa situação em que lhe era retirado o direito fundamental de dar livre curso aos seus sentimentos. Caso arriscasse expressar sua opinião, era desacreditado com argumentos do tipo: "sei que não pensa assim", "é a sua doença que faz você dizer essas coisas", "eu o conheço bem, e sei o que se passa em você mais do que você mesmo". O rapaz se tornava então completamente alienado. O único modo de sobreviver a essa situação seria ele deixar de comunicar o que sentia, e até mesmo simplesmente deixar de sentir. *Numa situação de dupla pressão, como essa, todos os membros de uma mesma família passam a ser ao mesmo tempo vítimas e carrascos, dentro de um jogo cujas regras eles se sentem incapazes de mudar.*

Colocados numa situação de dupla pressão, nós também poderíamos sentir-nos impotentes e tomados de pânico, angústia, raiva, mais ou menos como se tivéssemos deixado de existir. Poderíamos dissipar nosso mal-estar pondo fim à relação baseada no tipo de comunicação que gera a dupla pressão. Nessas circunstâncias, porém, como no caso entre um filho e seus pais, pôr fim à relação se torna impossível, assim como não se pode esperar de uma criança que determine o sentido e alcance das mensagens que recebe.

Diante da impossibilidade de questionar o aspecto paradoxal da situação, vamos elaborar, então, novos meios de comunicação, mais defensivos, para preservar nossa integridade. Esses meios podem, em casos extremos, levar à esquizofrenia que certos pesquisadores, como Bateson, descrevem como uma "doença de família", não como uma doença do cérebro. Em concordância com essa concepção, vários psiquiatras decidiram hospitalizar, no começo dos anos 1950, não apenas o paciente diagnosticado como esquizofrênico, mas toda a sua família.

A situação de dupla pressão impede a pessoa que dela é vítima de se comportar de modo coerente e lógico. Uma mãe que desse ao filho ordem para ser mais espontâneo provocaria nele confusão, colocando-o numa situação paradoxal. Com efeito, a criança não pode ao mesmo tempo se mostrar espontânea e obediente. É preciso escolher entre as duas atitudes. Tentando ser espontânea para acatar a ordem da mãe, não estará sendo de fato espontânea. Consequentemente, a desobedecerá.

Isso também se aplica a um marido que ordenasse à mulher ser sincera, mesmo estando convencido de sua infidelidade. Com isso, ele criaria para sua companheira uma situação paradoxal e insustentável. Nesse caso ela reconheceria uma infidelidade não cometida, e não estaria sendo sincera; ou reafirmaria seu amor pelo marido, e acabaria sendo acusada de desonestidade. Ela poderia então escolher entre ser suspeita de desamor, ou de agir de má-fé.

O mesmo tipo de situação paradoxal surgiu entre Mônica e Miguel. Os dois se casaram já com idade bastante avançada, depois de terem vivido um período de viuvez dedicado à educação dos filhos do primeiro casamento. Nesse segundo casamento, Mônica exigia que Miguel se alegrasse quando os filhos dela, já adultos, vinham visitá-los. Miguel gostava dos filhos da nova companheira, mas às vezes os achava invasivos. Embora se mostrasse educado e acolhedor na presença deles, ele se sentia bastante cansado quando a visita se prolongava. Mônica não só exigia que ele não deixasse transparecer o cansaço como também que não o sentisse. O cansaço era percebido por ela como uma atitude de má vontade e uma forma de descompromisso em relação ao casamento. A exigência de o marido não sentir cansaço constituía uma tarefa não só árdua como também impossível.

Todos esses exemplos de situação paradoxal apresentam um elemento em comum: presumir que basta programar sentimentos para que eles surjam ou desapareçam espontaneamente. *Exigir sentimentos cria condições que se opõem, que se contradizem, e falseia a relação que as pessoas tentam estabelecer com os outros pelo viés da comunicação.* Ao estudar as estruturas da comunicação

conversando a gente se entende

psicótica, Paul Watzlawick constata que, se um indivíduo que exerça influência sobre outro espera que este tenha sentimentos diferentes dos que de fato tem, ele acabará se sentindo culpado por não conseguir sentir o que devia a fim de ter o reconhecimento do outro.

Uma comunicação de natureza paradoxal gera respostas paradoxais que se exprimem através de diversos sintomas. Estes então surgem como um modo de emitir algum comentário sobre a relação, ou como uma tentativa de pôr fim à comunicação. Foi assim que Érico renunciou ao seu desejo de autonomia. Ele se privou da comunicação refugiando-se na obesidade e isolando-se socialmente. Sua necessidade de ser superprotegido revelou-se uma forma de pôr fim a uma comunicação da qual ele não conseguia escapar de outra maneira.

Uma situação paradoxal revela uma dupla pressão em que cada um dos dois lados constitui uma armadilha. Érico tinha a opção de continuar dependente ou de contrariar a mãe, duas soluções inaceitáveis para ele. Desenvolveu então todo tipo de comportamento sintomático para se livrar desse dilema. Mas o sintoma também constitui uma armadilha, pois sua ambiguidade reforça a situação de dupla pressão da qual se quer escapar. Se o sintoma não for percebido como uma oportunidade para rever o conjunto da comunicação entre uma pessoa e seu meio, ele se agravará a ponto de destruir os dois lados pouco a pouco.

Os alunos de Julian

Em seu livro *A história secreta*, Donna Tartt ilustra bem como os sintomas podem às vezes levar as pessoas à destruição. Ela apresenta um pequeno grupo de estudantes submetidos a uma situação paradoxal. Alunos do curso de Línguas Clássicas, eles vivem no campus universitário de Vermont, mas não têm praticamente nenhum vínculo com os demais alunos da universidade: todas as aulas a que assistem são ministradas por um mesmo professor, Julian, que os incentiva a viver do modo como viviam os autores estudados pelo grupo e a cultivar um supremo desdém por tudo o que seja posterior ao período clássico.

Esses estudantes se encontram, portanto, num mundo artificial, à margem do campus, onde vivem praticamente sem comunicação com o exterior e indiferentes às demais atividades da universidade. O grupo evolui no interior de um universo que se torna cada vez mais totalitário. Um desses alunos, que exerce certa liderança sobre os outros, se expressa com mais desenvoltura em grego antigo do que em inglês, o que não o impede de permanecer completamente fechado em seu mundo emocional. Ele chega a declarar: "Minha vida foi em grande parte sem cor e sem graça. Ou melhor, morta. O mundo sempre foi para mim um lugar deserto. Eu era incapaz de encontrar prazer nas coisas mais simples. Estava morto em tudo o que fazia". O mundo da antiguidade torna-se para esses alunos um modelo ao qual eles tentam submeter toda sua vida. Eles se preparam para enfrentar o futuro vivendo no passado.

Os estudantes suportam com crescente dificuldade a rigidez do universo que o professor lhes impõe. As exigências e expectativas do mestre tornam a vida dos alunos quase insuportável, mas eles são subjugados e regularmente convidados a sair do mundo concreto que os cerca a fim de entrar no sublime.

A vida desses frágeis jovens fica marcada, cada qual a seu modo, por um destino bastante trágico. Nenhum deles tem força ou coragem para questionar a influência exercida por esse professor, que os conduziu por caminhos em que acabaram por se perder. Julian os convence a se ver como deuses, acima das contingências cotidianas, e a adotar um comportamento em conformidade com essa percepção. Assim, em vez de aprenderem a se comunicar com o próximo e a se conhecer melhor, esses alunos aprendem a viver conforme a imagem que seu professor cultiva para eles. Essa falsa representação torna-se para eles uma norma absoluta. A aceitação dentro do pequeno grupo que formam com o professor depende do respeito a esse modelo, que ninguém ousa contestar. Eles amam as ideias do mestre, admiram-no e o temem ao mesmo tempo, conquistados que estão pela amplitude de seu saber e pela força de sua personalidade. Ao lado dele, os alunos inferiorizados chegam a se sentir melhores negando seus limites, acreditando-se onipotentes e imaginando que tudo lhes é permitido. Chegam a se convencer da possibilidade de realização de seus sonhos mais desvairados. Inconscientes da manipulação de que são objeto, esses jovens em busca de identidade passam a se identificar totalmente com Julian.

Ao longo dessa fase de identificação, os alunos vão se tornando cada vez mais alienados e distanciados de si mesmos. Para se assemelharem ao mestre, eles ignoram totalmente as próprias emoções e acabam por se lançar ao consumo excessivo de álcool: "Hoje, quando penso nisso, parece que passávamos o tempo todo bebendo, não muito de uma vez só, mas de forma contínua, começando com um Blood Mary no café da manhã e seguindo até a noite. Isso provavelmente explica, mais do que qualquer outra coisa, nosso torpor", declara um dos alunos do grupo. A repressão da verdadeira personalidade desses jovens vem acompanhada de angústia, vários tipos de mal-estar físico e distúrbios sexuais, que eles tentam amenizar com o consumo de medicamentos de todo tipo.

Quando lhes parece que estão a ponto de atingir o objetivo de se comunicar com o divino, ocorre um assassinato. Ficam literalmente com as mãos cheias de sangue. Embora se recusem, por meio de todo tipo de racionalização, a assumir a responsabilidade pelo crime cometido, um sentimento de culpa os vai invadindo aos poucos e os faz avançar cada vez mais no caminho da destruição. Essa morte, que eles não chegam a compreender muito bem, serve para fortalecer a amizade entre os demais integrantes do grupo. Com o passar dos dias, esse segredo, que nem sequer ousam comentar entre si, se torna cada vez mais difícil de suportar, atormenta a alma e o espírito já frágeis de todos. A partir de então, os jovens tentam preservar o equilíbrio unindo-se para proteger o segredo. Nada, porém, consegue livrá-los do sentimento de culpa, sobre o qual, aliás, um deles passa a especular, sem conseguir mais se limitar ao papel que lhe fora designado pelo grupo.

Depois de certo tempo, esse rapaz se sente excluído do grupo, tanto por causa de sua situação financeira precária quanto pelo fato de não ter sido convidado para a última tentativa de alcançar o sublime. Para ganhar certa importância aos olhos dos demais, Bunny joga constantemente com a possibilidade de revelar o segredo. Os integrantes do grupo ficam enlouquecidos diante de sua instabilidade e imprevisibilidade, "com seu subconsciente livre do poleiro, a bater asas pelos corredores desertos de seu cérebro e a ziguezaguear como um morcego", como ele mesmo se descreve.

As numerosas formas de repressão que os estudantes impõem a si mesmos, além do segredo que os atormenta, provocam o aumento da tensão. Eles cogitam

138 | conversando a gente se entende

excluir definitivamente Bunny do grupo, mais ou menos como se amputa um membro doente de um corpo. A ideia de assassiná-lo vai crescendo na mente dos adolescentes desequilibrados. Henry, o líder do grupo, chega a sonhar com essa morte "como uma redistribuição da matéria". E assim passam da ideia à ação, sem se darem muito bem conta da gravidade dos gestos que executam. Sem que percebam, essa exclusão de um integrante do grupo desencadeia um processo impossível de deter.

Esse segundo assassinato não resolve os problemas nem diminui o sentimento de culpa dos jovens. As suspeitas começam a pesar sobre eles, que se sentem cada vez mais culpados e cada vez menos capazes de enfrentar a realidade. O crescente consumo de álcool, além do agravamento dos sintomas neuróticos, torna a amizade entre eles tão confortável quanto uma prisão. Eles se voltam uns contra os outros até que Henry, num gesto impulsivo, tira a própria vida para salvar o que resta do grupo. Depois desses acontecimentos dramáticos, a célula se separa. Cada um tenta seguir a própria vida. Todos, porém, se veem diante de uma existência medíocre e corriqueira para a qual os brilhantes estudos e os numerosos recursos de uma juventude privilegiada não os haviam preparado. Por fim, não é só o grupo, mas também a vida de cada um que sucumbe sob o peso de um sistema totalitário ao qual os rapazes haviam sido conduzidos por Julian.

conversando a gente se entende

Os alunos apresentados em *A história secreta* encontravam-se mergulhados numa situação que não levava absolutamente em conta a necessidade de terem reconhecimento por parte de uma pessoa significativa para eles. Julian "não queria nos ver em nossa totalidade, nem mesmo de outro modo que não nos papéis magníficos que ele inventara para nós", explicam. Para se sentirem aceitos, esses jovens em busca de identidade perdem completamente a noção de si mesmos e tentam atingir o sublime – o estado de êxtase ao qual o professor os incitava, através de todo tipo de método: longos períodos de jejum, consumo de álcool, drogas alucinógenas e até mesmo de veneno. A esse coquetel explosivo acrescentam experiências sexuais, rituais e orações nos quais se esforçam para acreditar. Sentem-se superiores, a ponto de se esquecerem das necessidades mais elementares, como se alimentar, dormir e relacionar-se com outros jovens da mesma idade. Viviam em função da imagem que transmitiam uns aos outros e que buscavam por todos os meios reforçar. Ao querer encontrar o equilíbrio, conformando-se a modelos externos sem relação com suas verdadeiras necessidades, fizeram surgir sintomas de todo tipo que os levaram a uma verdadeira crise, da qual não puderam sair senão pelo assassinato e pelo suicídio.

O drama dos alunos de Julian não decorre do fato de eles terem passado por uma fase crítica quando da busca de suas identidades. Essas crises de crescimento balizam a vida de todas as pessoas, assim como de todas as organizações. O problema desses jovens advém do fato de eles não terem conseguido ajustar e adaptar o ensinamento recebido ao mundo e à época em que viviam. A incapacidade, a recusa em se adaptar os levou a criar um grupo fechado em si mesmo. Uma profusão de sintomas não tardou, então, a se manifestar, tornando ainda mais difícil qualquer eventual mudança.

Foram aos poucos afundando numa situação de dupla pressão, incapazes de compreender a ambiguidade das mensagens que recebiam do professor. Essa dupla pressão os levou à situação paradoxal em que, a exemplo de Érico diante de sua mãe, só conseguiam sentir-se eles mesmos identificando-se com outra pessoa. Essa distância em relação à própria realidade impediu qualquer possibilidade de mudança que lhes permitiria adaptarem-se ao mundo no qual se desenvolviam.

CAPÍTULO 6

COMUNICAÇÃO E RESISTÊNCIA À MUDANÇA

Assim como os jovens do capítulo anterior, somos às vezes tentados a conformar nossa existência às normas e aos valores recebidos no transcorrer de nossa educação. Ao longo da vida, tentamos ser gentis e atenciosos com os outros e corteses com nossos superiores. Já adultos, porém, nos sentimos às vezes muito cansados, sem motivo aparente, ou sentimos uma angústia difusa, alimentada por um sentimento de vazio e de isolamento. Tentamos então combater essas impressões desagradáveis com um esforço adicional de vontade a fim de sermos mais gentis, corteses ou obsequiosos, correndo o risco de nos esgotar e comprometer a saúde.

Seguindo o modelo proposto pelo meio familiar, os homens, por exemplo, consagram a vida a proteger a esposa, trabalhando sem descanso para que nada lhe falte. As mulheres, por sua vez, devido a uma atitude transmitida de geração a geração, sacrificam suas próprias necessidades em nome da felicidade do marido e dos filhos. Apesar disso, muitos casais se decepcionam com a experiência conjugal. Sentem-se incompreendidos e lamentam o fato de o cônjuge parecer ausente da relação que desejavam fosse estreitamente unida. Parece-lhes até que vivem a anos-luz um do outro, e às vezes também dos filhos. Cada qual culpa então o outro por suas carências e limites, que tentará superar trabalhando ou ignorando ainda mais suas próprias necessidades.

Os pais se esquecem de si mesmos para que os filhos tenham o melhor de tudo. Muitos chegam a se sentir culpados por não oferecer mais do que casa, saúde, educação ou viagens. Diante das dificuldades encontradas pelos filhos, alguns se recriminam por não conseguir compreendê-los ou por tê-los educado mal. Tentam ser perdoados de supostos erros e continuam a abrigar filhos já adultos, permitindo até mesmo serem tratados, muitas vezes de modo inconsciente, como eternos provedores, senão como empregados. Diante das crises que marcam o futuro do casal e da família, um primeiro reflexo será a reprodução e o reforço de comportamentos que não trazem os resultados esperados; ao contrário, geralmente produzem os efeitos contrários.

Segundo os pesquisadores Wittezaele e Garcia, em seu estudo *A abordagem clínica de Palo Alto*, a abordagem sistêmica questiona certos aspectos da personalidade humana até então louvados pela cultura ocidental, como a firmeza de caráter, a tenacidade e a ambição sem limites. Esse questionamento privilegia a mudança pela aplicação de novas soluções diante das dificuldades da existência. Essa abordagem diferente surge quando aqueles que se encontravam fixados em comunicações fechadas já haviam chegado ao ponto de esquecer que podiam mudar, afirmar-se e expressar suas verdadeiras necessidades. Com o tempo, de fato, muitos se cansaram de recorrer a soluções ineficazes para demonstrar suas necessidades de atenção, ternura e amor.

A mudança, porém, nunca é fácil para as pessoas, os casais ou as famílias. O mesmo vale para as instituições que a sociedade cria para tornar mais harmoniosa a vida em comum e para dispensar cuidados a seus integrantes mais frágeis. Diante das dificuldades encontradas, os regimes políticos, as Igrejas, as instituições carcerárias, hospitalares e educacionais sentem-se antes tentadas a reforçar, em vez de questionar, suas normas e torná-las mais rígidas. Até mesmo no âmbito social e institucional, a mudança nunca surge como algo fácil. Entre os obstáculos encontrados, o primeiro parece ser o medo que a mudança sempre suscita.

O papel do medo

O medo da mudança não é um fenômeno novo. Realidade onipresente, percorre toda a história da civilização ocidental sob diversas formas, como bem o demonstrou o historiador Jean Delumeau em obras magistrais como *História do medo no Ocidente* e *O pe-*

cado e o medo. Tudo o que pertence a um universo diferente, tudo o que é novo, estranho, inédito, inusitado suscita a desconfiança e o medo. Delumeau salienta o papel desempenhado pelo medo da mudança tanto por ocasião dos acontecimentos ligados à Revolução Francesa quanto dos conflitos confessionais do século XVI. Neste último caso, tanto os reformistas como os católicos se apegavam ao passado tal como o compreendiam, com o objetivo de o perpetuar.

O temor e a ansiedade sempre acompanharam o ser humano em sua marcha e muitas vezes fizeram surgir comportamentos rígidos e estereotipados para esconjurar o infortúnio ou a má sorte. Esses modos de ser e de agir impediram que se desse a mudança, assim condenando as pessoas a encontrar segurança na repetição do passado. Esses comportamentos reduziram a capacidade dos indivíduos de enfrentar situações novas, quando eram chamados a adotar atitudes inovadoras. De maneira mais ou menos consciente, condenaram a vida a se estreitar e se atrofiar, aumentando ainda mais os sofrimentos inevitáveis da existência.

Nossa época não fez desaparecer o medo, cuja presença se faz ainda sentir sob numerosas formas mais ou menos identificáveis. Diversos meios foram desenvolvidos para afastar os riscos da existência e deles proteger homens e mulheres. A desconfiança se instalou em meio àqueles que são diferentes ou desconhecidos devido à língua, à religião ou ao modo de vida – atitude que às vezes degenera em xenofobia e racismo.

Para exorcizar o medo, muitos são os que instauram absolutos como modelo de vida, aos quais chegaram a se submeter totalmente, deles se servindo como referência para dar sentido à própria existência. Em meio a esses absolutos encontram-se as muitas dependências que sufocam todas as formas de liberdade: o trabalho excessivo em detrimento da saúde e da família, o acúmulo de bens muitas vezes inúteis, o consumo sem outro motivo que não o prazer imediato. Sem falar de todos aqueles, jovens ou menos jovens, para quem a droga, sob uma forma ou outra, se torna um absoluto ao qual todo o resto da vida vai se submetendo pouco a pouco.

Essa tomada de consciência da presença do medo e da angústia no cerne da condição humana pode conduzir ao desespero ou ao desânimo, ao ceticismo ou ao cinismo, ao ensimesmamento ou à fuga para o irreal. Esse tipo de reação nos impede, no entanto, de nos comunicarmos com nossos semelhantes, quando a comunicação poderia muito bem constituir o único antídoto para nosso medo. Essa fuga ou esse ensimesmamento também nos impedem de nos comunicar com nós mesmos a fim de transformar nosso medo em alavanca capaz de libertar nossa existência dos entraves que impedem seu pleno desabrochar. Um dos modos ilusórios de fugir do medo consiste em nos separar de uma parte de nós mesmos que só conseguirá expressar-se por meio de sonhos noturnos. É, aliás, muitas vezes pelo viés dos pesadelos que se manifestam as contradições e os conflitos não resolvidos. Esses pesadelos ganham ascendência sobre a realidade, à qual deformam a ponto de lhe conferir uma outra dimensão.

A noite e as trevas sempre representaram por excelência o tempo e o lugar do medo. Todo mundo já passou pela experiência de esperar um filho adolescente ou um cônjuge que demora para chegar em casa. Quanto mais a noite avança, mais a escuridão se instala, e mais a situação daquele que espera corre o risco de escapar ao controle. A noite sempre foi o lugar em que os inimigos do homem tramam sua queda, seja do ponto de vista físico, seja moral. É por isso que não raro, quando já chegada a noite, as pessoas demasiadamente mergulhadas na angústia e incapazes de apreciar a calma e a solidão se reúnem em lugares de camaradagem artificial. Não é sem razão que com o tempo desenvolvemos todo tipo de embriaguez e distração, passando a consumir medicamentos e soníferos a fim de evitar o enfrentamento e a superação dos temores noturnos. Isso muitas vezes constitui o reflexo do medo instalado no cerne de nossa existência, a nos impedir de mudá-la.

O medo, fonte de tanto sofrimento, de sintomas, de mal-estares psicossomáticos, não é contudo incontornável. Podemos superar o medo ao deixar de ocultar a vulnerabilidade que se encontra por trás de máscaras de todo tipo e que nos impede de ser autênticos. A existência então deixará de parecer uma série de tormentos que não nos dão descanso nem paz interior. A ansiedade dará lugar à certeza de podermos ser aceitos e amados tal como somos, e *por ser como somos*. A procura de um novo emprego, a perspectiva da passar sozinhos um fim de semana, a necessidade de enfrentar uma multidão, a falta de dinheiro ou a perspectiva de intimidade sexual já não despertarão angústias insuperáveis. A família se tornará o lugar em que homens e mulheres, adultos e crianças tomarão consciência da necessidade que têm uns dos outros, sem se sentirem assaltados pelo medo de não encontrar o amor de que todos tanto precisam.

Uma vez superado, o medo já não alimentará as forças destrutivas atuantes no mundo, forças que se manifestavam por meio da crueldade, da exploração dos pobres, dos fracos ou da alienação de mulheres e crianças. O universo deixará de parecer um campo de sofrimentos entregue às guerras, à fome, às limpezas étnicas e às deportações maciças. De novo o prazer e a alegria de estarmos juntos será uma realidade acessível para todos.

Fazer *mais* a mesma coisa

O medo não é o único obstáculo à mudança. É preciso também saber provocar a transformação. A mudança não vai surgir da aplicação cada vez mais obstinada de soluções que até então se mostraram ineficazes. *Muitas* atitudes consideradas *neuróticas ou infantis podem ser o resultado da repetida aplicação de uma única e mesma solução em face de um problema.* É frequente, por exemplo, que um trabalhador, ao se sentir pouco produtivo e esgotado com as longas horas de trabalho, adote como solução o *fazer mais a mesma coisa,* isto é, esticar ainda mais suas horas de trabalho em vez de levar em conta seu cansaço e se permitir um momento de trégua. Nesse caso, a solução adotada torna-se uma parte do problema.

Em sua obra *Chroniques de mauvaise humeur* [Crônicas de mau humor], o jornalista Benoît Aubin dá um exemplo divertido de solução que se transforma em problema: "Era uma lixeira feia, padronizada, verde, de plástico, barata, velha, inútil, rachada. Eu queria me livrar dela, mas o que fazer? Jogá-la fora. No meu bairro, os coletores de lixo [...] não tocam nas lixeiras velhas. Ora, os lixeiros não a queriam!". Depois de ter inutilmente tentado vários subterfúgios, o dono da lixeira chegou a uma conclusão espantosa. "Foi nesse momento, creio eu, que me dei conta da verdadeira natureza do meu problema. Meu problema com a lixeira não era propriamente um inconveniente doméstico; era um problema filosófico. Ou melhor, sistêmico".

"É que em nossa sociedade bem organizada não se considera uma lixeira um problema, mas, antes, uma solução; solução para o problema do lixo doméstico.

Eu não podia, portanto, criticar os lixeiros por se recusarem a pegá-la e a me privar da minha solução para o problema do lixo. Eu era o feliz dono de uma solução que me trazia um problema existencial insolúvel." Assim sendo, existe o perigo de que a solução adotada, além de se tornar em si um problema, seja também um agravante. O remédio é então pior do que o mal. O problema permanece inalterado em sua estrutura, mas aumenta em intensidade.

A mudança tampouco virá com a simples aplicação de uma solução contrária a uma situação problemática, tal como combater o frio com o calor. Essa solução que recorre ao *mais de* alguma coisa pode produzir o efeito pretendido em certas ocasiões, mas em situações mais complexas trará poucos resultados e se mostrará ineficaz. Um pai e seu filho adolescente, que se desentendam quanto à hora de voltar para casa, querem chegar a um acordo sustentando cada qual posições opostas. De um lado, a afirmação da autoridade do pai; de outro, o desejo de independência do adolescente. Para solucionar o problema da hora de voltar para casa, cada um pode decidir se opor ao outro, lançando mão de mais autoridade ou de mais independência. Essa atitude será confortável para cada qual em sua posição, em vez de favorecer a mudança. Privilegiar uma ou outra dessas atitudes só fará aumentar a intensidade do embate e alimentar uma luta de poder que impede toda comunicação verdadeira. A relação pai-filho corre então o risco de degenerar em conflito aberto e ameaçador. A manutenção da solução do tipo *aplicação do contrário* agrava o problema e pode levar a uma fuga, ao rompimento da relação e à violência física ou verbal.

A transformação buscada muitas vezes advém da capacidade de situar um problema em um quadro diferente e de vislumbrá-lo sob novas perspectivas. É então que se torna possível encontrar uma solução que até então passara despercebida. Para sair do confronto com o filho e responsabilizá-lo, o pai poderia combinar que o próprio adolescente determinasse a hora de voltar para casa. Assim, a comunicação entre pai e filho poderia se estabelecer sobre uma nova base, a de uma melhor divisão das responsabilidades.

Nessa nova perspectiva, não se tratará tanto de determinar quem tem razão nesse conflito, mas de saber quem pode assumir certas responsabilidades. De comum acordo, é possível tomar a decisão de deixar o próprio adolescente estabelecer sua hora de voltar, como se essa responsabilidade fosse dele. Na maioria das situações em que essa solução foi aplicada, o jovem em questão assumiu esse compromisso e voltou para casa habitualmente na hora desejada pelos pais. Assim, a paz familiar ficou tanto menos comprometida. Portanto, numa situação aparentemente sem saída, quando se renuncia a uma má solução, como a de convencer o filho a todo custo, tal como se deu no caso que acabamos de examinar, a solução do problema revela-se tanto mais facilitada.

As realidades inevitáveis da vida

Combater uma situação com uma outra que lhe seja contrária não é o único modo de agravar um problema, ou mesmo de criá-lo. Certas dificuldades podem piorar se esperamos que tudo corresponda a nossos desejos, em vez de aceitar as situações como elas são. Com efeito, em muitas situações não é tanto o modo como os acontecimentos realmente se apresentam o que constitui o problema e o que deveria ser mudado. É, antes, o fato de querer que os acontecimentos se deem conforme o imaginado o que constitui o obstáculo.

Isso também se aplica em relação à necessidade de sermos sempre amados, de querer mudar quem pensa de modo diferente de nós ou de agradar em todas as circunstâncias. Essas exigências acabam por transformar as dificuldades inevitáveis da existência em problemas insolúveis. Não podemos evitar os momentos de tristeza, luto, tédio, depressão, raiva ou frustração. É importante permitir a si mesmo, aos pais, ao cônjuge, aos filhos, sentir essas emoções. Elas já são suficientemente difíceis de viver sem virem acrescidas de culpa, como se tais sentimentos *não devessem* ser sentidos e representassem sinais de alguma doença.

conversando a gente se entende | 153

A passagem do tempo, com suas consequências, constitui um bom exemplo das dificuldades inevitáveis da existência. Um problema não pode deixar de surgir sempre que a diferença entre gerações não for respeitada, e que todo mundo se coloque no mesmo nível, qualquer que seja a idade das pessoas envolvidas, como se cada geração não precisasse enfrentar desafios e tarefas específicos. Jay Haley, outrora diretor do *Family Therapy Institute* de Washington, ressalta em *Nouvelles stratégies en thérapie familiale* [Novas estratégias em terapia familiar] a importância de respeitar a diferença entre as gerações:

> Cada família precisa enfrentar o problema de se organizar em hierarquia e de fixar regras que definam quem detém a primazia em termos de status e poder e quem vem em seguida. Quando um indivíduo apresenta sintomas, isso significa que a estrutura hierárquica da organização é confusa. Pode ser confusa devido à ambiguidade, por ninguém saber exatamente quem é seu igual e quem lhe é superior. Ou pode ser confusa porque um de seus integrantes, em determinado nível, forma uma coalizão estável com alguém de um nível inferior, contra um de seus pares, violando assim uma regra fundamental de qualquer organização.

Muitos adolescentes, por exemplo, se queixam de ter que desempenhar o papel de um dos pais diante do pai ou da mãe. Sentem-se muitas vezes responsáveis por ouvi-los, consolá-los, tranquilizá-los. Uma adolescente contava que precisava intervir constantemente junto dos novos amigos de sua mãe, a fim de evitar que ela se deixasse manipular demais por eles. Ao desempenhar um papel protetor junto aos pais, esses adolescentes têm a impressão de lhes ser confiscada a vida em favor de uma outra geração. Encontram-se diante de adultos que apresentam imagens afetivas incertas e pouco estruturantes. Trata-se muitas vezes de homens e mulheres que, além de se recusarem a transmitir valores que os fazem viver, procuram adotar o modelo de seus filhos adolescentes por meio de roupas, linguagens ou lazeres. Um adolescente de dezesseis anos dizia a seu terapeuta: "Meu pai quer seu meu amigo a todo custo. Mas amigo é o que não me falta. Tenho até demais. Eu preciso é de um pai, mas ele não consegue compreender isso".

Além de certos adultos exigirem dos filhos que os sustentem e vivam em igualdade psicológica com eles, também a juventude e a adolescência parecem às vezes valorizadas a ponto de se tornar um polo de referência obrigatório. Jacques Grand'Maison, em sua obra *Le drame spirituel des adolescents* [O drama espiritual dos adolescentes], lembra que o jovem não pode dispensar os adultos e, principalmente, os modelos do adulto a fim de construir sua própria identidade. Quando o ideal do adulto corresponde aos traços da adolescência, ele reproduz ao longo da vida os comportamentos típicos dos jovens. Ele passa assim de uma experiência a outra sem amadurecer nenhuma delas. Valoriza apenas o imediato e o provisório. Vive e pensa segundo a imagem narcisística que criou para si mesmo. Em suma, trata-se de um adulto que não envia para os adolescentes nenhuma imagem que não seja a deles próprios.

Numa sociedade e numa cultura adolescentes, os modos específicos dos jovens se impõem aos mais velhos, no tocante a roupas, música etc. No âmbito sexual, por exemplo, são os amores juvenis que servem de referência. Ao longo do tempo, isso resulta num falseamento, tanto para os jovens quanto para os adultos, da descoberta de um outro modo de viver a vida afetiva e sexual.

Se às vezes podemos criar um problema quando só existe uma dificuldade passageira, é possível também agravar um problema com a recusa em ver situações absolutamente inaceitáveis, ou em tomar consciência delas. *Há casais ou famílias que podem viver longos períodos sem reconhecer que enfrentam uma situação problemática, que só desaparecerá se lhe for trazida uma solução.* Por exemplo, uma mãe de família que se sentia incapaz de dizer não às exigências um tanto tirânicas do filho de cinco anos. Ela esperava que esse filho compreendesse por si só, com o tempo, o exagero que havia em seus pedidos, que ele se tornasse menos exigente sem que ninguém lhe impusesse limites. Como era de prever, o problema só foi se agravando.

conversando a gente se entende

Numa família que se recusa a reconhecer a existência de um problema, a pessoa da família ou o cônjuge que atrair a atenção para essa dificuldade será acusado de animosidade ou suspeito de querer destruir a célula familiar. Um forte mecanismo entra então em jogo, mecanismo esse reconhecível pelos seguintes elementos: repetidos apelos à boa vontade, exortações para agir melhor, enunciados de boas resoluções. A recusa em reconhecer a existência de um problema pode levar à busca de outros tipos de solução que talvez pareçam remédios milagrosos. É o caso dos cônjuges que se afastaram um do outro e, para se reaproximar, desejam ter mais um filho, ou das pessoas que mudam de emprego ou de casa para resolver um problema de comunicação com colegas ou vizinhos. Não faltam, aliás, em nossa sociedade teorias que prescrevam todo tipo de procedimento mágico. Essas soluções ilusórias, tanto no âmbito social quanto no pessoal ou familiar, só fazem agravar os problemas e os sofrimentos já existentes.

As enxaquecas de Catarina

Apesar dos obstáculos que parecem às vezes se opor à mudança, esta continua sendo possível desde que seja o resultado de uma escolha livre, assumida por qualquer pessoa que decida lançar mão dos meios para obtê-la. Esses meios muitas vezes fazem apelo a uma nova definição do problema que essa pessoa enfrenta. É o caso de Catarina, que encontrava uma crescente dificuldade em participar dos encontros de grupo inerentes ao trabalho ou à vida social. Qualquer convite para participar desses encontros provocava nela enxaquecas insuportáveis, a ponto de a cada vez ela ficar de cama por vários dias. Apesar de todos os seus esforços, o mal-estar constituía um problema que a atormentava, que lhe minava a autoconfiança e destruía a imagem que ela tinha de si mesma.

Catarina se perguntava por que reagia desse modo. Esforçava-se em vão em encontrar na infância acontecimentos específicos que pudessem explicar sua fobia. Sentia-se culpada por não poder participar desses encontros de grupo. Não apresentava, porém, nenhuma reação desse tipo quando era mais jovem. Em desespero de causa, tentou superar essa dificuldade recorrendo sempre à solução que conhecia melhor, isto é, provar cada vez mais sua força de vontade. É preciso, no entanto, esclarecer que ao longo da vida ela aceitara, no trabalho, obrigações que não escolhera e que não lhe convinham verdadeiramente. Nunca levara em conta seus desejos e suas expectativas. Sempre cumprira os deveres com espírito de abnegação.

Diante dos poucos resultados obtidos com os numerosos esforços para enfrentar as situações de grupo, Catarina decidiu consultar um especialista em relação de ajuda. Ao longo desses encontros, aceitou considerar a situação em que estava implicada como sendo uma verdadeira dificuldade com a qual poderia aprender a viver, em vez de um problema a ser resolvido a todo custo. Tentou integrar essa contrariedade a sua experiência de vida cotidiana, evitando situações que lhe fossem demasiado penosas. Ao agir assim, deixava de se conformar a uma norma, mais ou menos consciente, que impusera a si mesma ao longo da vida, segundo a qual ela devia cumprir tudo o que lhe fosse pedido. Essa decisão deixou-lhe mais tempo para se dedicar a suas próprias necessidades e, eventualmente, para se voltar para um outro setor de atividades.

Essa nova perspectiva adotada para resolver seu problema diferia de tudo o que Catarina havia preconizado. A partir de então, não aceitaria mais se violentar para participar de encontros difíceis para ela. Em outros termos, deixaria de recorrer a uma solução que sempre se mostrara ineficaz. Decidiu mudar de emprego e hoje está bastante feliz com essa mudança. Já não se impõe nenhuma obrigação de participar de encontros que lhe sejam penosos e dá-se às vezes até mesmo o direito de recusar o que lhe pedem.

A mudança que se produziu na vida de Catarina ilustra bem como *é possível encontrar solução para um problema quando este passa a se definir de um modo novo em relação ao quadro habitual*. A principal preocupação dela já não se resume a empreender esforços desmedi-

conversando a gente se entende | 159

dos para atender às solicitações do patrão. Passou a ser aprender a se respeitar em seu trabalho.

Como se pôde ver, Catarina não se obstinou a fazer a gênese de suas dificuldades nem a buscar *por que* elas existiam. A partir do momento em que se pôs a ver tudo com outros olhos, a situação que ela vivia mudou completamente de sentido. Hoje consegue até mesmo se dar conta de que suas enxaquecas desempenhavam um papel de sintoma e serviam para chamar a atenção para as necessidades que ela reprimira. É esse recalcamento que a levara a fazer de sua vida um imenso esforço de vontade.

Quando ela aceitou comunicar-se melhor com a parte de si mesma relegada à sombra, a mudança surgiu do interior, de modo espontâneo, sem necessidade de vasculhar o passado em busca das causas do sofrimento. O mais importante na situação de Catarina não era tanto deter-se em seu problema quanto aferrar-se a uma solução repetida constantemente, isto é, fazer sempre um esforço suplementar de vontade. A tomada de consciência daquilo que lhe causava o problema só foi possível quando aceitou abordar de outro modo suas dificuldades. Essa mudança de perspectiva permitiu-lhe perceber a si mesma de outro modo, sob todos os aspectos, e proporcionou-lhe a oportunidade de entrever novos modos de viver.

Também foi essa a experiência de uma jovem que se deu conta de mudanças importantes em sua vida ao fim de uma incursão na psicoterapia: "Devo confessar que fico sempre mexida por dentro ao ver que há outros modos de percepção da realidade. Até então eu não sonhava reconhecer nada além de duas visões: a submissão a meu pai ou a meu marido. Eu me sinto como alguém que estivesse convencido de que a terra era plana e, a certa altura, ouviu de Galileu que era redonda. A incredulidade cede tranquilamente lugar à alegria de uma nova descoberta e, ao mesmo tempo, a todas as consequências que essa nova percepção traz".

A depressão de Sílvia

Sílvia é um outro exemplo de mudança que precede a tomada de consciência. Essa jovem decidiu vir em consulta depois de ter constatado que, para ela, a vida parecia não ter mais sentido. Passava os dias a fazer um trabalho rotineiro e tedioso, bem abaixo de suas habilidades profissionais. Seu magro salário lhe permitia apenas viver de modo conveniente. Morava, aliás, num bairro onde não conseguia fazer amigos. Encontrava-se com um companheiro ocasional, a quem mais tolerava do que amava. Vivia sozinha com a filha, para quem julgava ser um mau exemplo de mãe e de mulher. Até mesmo os encontros com o terapeuta pareciam cair numa espécie de monotonia em que não acontecia coisa alguma. Diante da impressão de que tudo o que ela tocasse se transformava em inércia e decepção, Sílvia explicava que sua vida não poderia ser diferente.

Com efeito, quando ela era adolescente, um médico lhe descobrira fortes tendências esquizoides. Ao longo dos anos que se seguiram a esse diagnóstico, outros dois médicos que ela consultou também lhe deram o mesmo parecer. Deprimida com tal diagnóstico, desenvolvera a convicção de que sua vida se desenrolaria conforme o roteiro preestabelecido para uma pessoa esquizoide. Ela se tornava, portanto, menos responsável por sua vida, e assim aprendia a se perceber como vítima de circunstâncias que lhe escapavam. Interrogada sobre a compreensão que tinha desse diagnóstico ou sobre o seu significado, reconhecia que essa opinião médica lhe parecia vaga e pouco convincente, mas mesmo assim tinha peso suficiente para impedi-la de tomar as rédeas de sua própria vida.

Certo dia, ela decidiu não levar mais em conta esse diagnóstico. Conseguiu, então, assumir alguma responsabilidade diante do que lhe acontecia. Chegou até a retomar o hábito, há muito abandonado, de se pentear e se maquiar. Trocou as velhas roupas sem viço por outras mais alegres e coloridas. Arranjou um emprego mais valorizador e, principalmente, mais bem remunerado. Deixou de se perceber como a pessoa esquizoide que acreditava ser. Passou a se recusar a encontrar o equilíbrio em função do diagnóstico que ela transformou em norma para sua vida. Buscou, antes, encontrar uma nova forma de harmonia, dando mais ouvidos a suas necessidades e seus desejos. Escapando assim ao modelo que impusera a si mesma, descobriu que era possível levar a vida de um modo diferente daquele que até então vivera.

Assim como essa mulher, muita gente segue pela vida sob o assalto constante de questões quanto ao que deve fazer e como fazer bem. Essas pessoas têm a cabeça cheia de instruções herdadas do pai, da mãe, do meio ambiente ou do meio em que foram educadas. Às vezes, é preciso uma paciência infinita para deixar de considerar em grau suficiente os sinais recebidos de nosso meio mais próximo, a fim de poder perceber aquilo que de fato se passa. Muitas pessoas suportam situações penosas, convencidas de não ter realmente outra escolha senão resignar-se a ser infeliz. *A possibilidade de fazer escolhas, ainda que nunca na proporção que poderíamos desejar, costuma ser muito mais acessível do que julgamos.* Certos acontecimentos, como um luto, um cataclismo ou uma guerra, impõem-se por si sós e não constituem objeto de escolha alguma de nossa parte. Diante disso, cabe a nós decidir como reagir e continuar a crescer através das crises inevitáveis da vida.

Isso também se aplica a questões como a matrícula na escola, a mudança de emprego, a menopausa, a velhice ou as deficiências. Todos esses acontecimentos podem se revelar ocasiões favoráveis para o surgimento de uma nova pessoa em nós. Essa é, aliás, a expressão

conversando a gente se entende | 163

que muita gente costuma empregar ao final de uma incursão pela psicoterapia. É frequente que essas pessoas digam sentir que nasceram de novo, como se tivessem aberto os olhos e encontrado uma nova vida. Uma mulher escreveu a seu terapeuta: "Você é a pessoa que mais me marcou, a única que me fez descobrir quem eu era, que tornou possível que eu me afirmasse sem medo e sem culpa". Nesse sentido, a terapia representa um renascimento para a possibilidade de fazer escolhas.

A insegurança de Jõao Paulo

É possível mudar para renascer para uma vida escolhida, em vez de para uma existência de sofrimento. É absolutamente legítimo imaginar uma vida a serviço de nossas verdadeiras necessidades e orientada para a autorrealização. Do mesmo modo, é possível deixar para trás uma existência legitimada pelo olhar dos outros ou condicionada por normas inculcadas ao longo da história pessoal. Certas pessoas, porém, não conseguem fazer essa escolha. Recolhem-se ao papel de vítima dos acontecimentos, diante dos quais se contentam em resistir.

Com a aproximação dos cinquenta anos, João Paulo constatou que sua vida tinha cada vez menos sentido. Uma angústia difusa o deixava sempre insatisfeito. Apesar de o êxito nos negócios não deixar margem para dúvida, ele não se sentia imune à instabilidade econômica que poderia comprometer suas estratégias de colocação. Além de se inquietar com a segurança financeira, ele também se preocupava com a saúde. A menor indisposição o deixava perturbado. Vivia assaltado pela ideia de que um câncer ou qualquer outra doença grave viesse atrapalhar uma aposentadoria astuciosamente planejada ao longo de muitos anos. O trabalho, a concorrência e a corrida contra o relógio consumiam-lhe o tempo e as energias. Quando praticava um esporte, o golfe, por exemplo, ficava de tal modo obcecado com o resultado ou com o desempenho, que se esquecia de relaxar e divertir-se.

As preocupações incessantes de João Paulo não deixavam espaço para que ele se desse conta de seu mundo emocional. Ele exprimia afeto pelas pessoas que lhe eram próximas trabalhando por elas de modo compulsivo, sem experimentar a necessidade nem a capacidade de expressar de outra forma seus sentimentos. Proibia a si qualquer palavra de estímulo ou qualquer gesto de ternura. Dava sempre a impressão de se expressar com secura, como se redigisse uma instrução de serviço. Incapaz de estabelecer relações calorosas com os outros, tornava-se incapaz de entrar em contato com suas verdadeiras necessidades. Não sabia como ocupar de modo agradável alguns dias de folga nem aproveitar os momentos de lazer com a família ou com os amigos.

Entrar em relação de intimidade consigo próprio ou com os outros parecia-lhe uma preocupação absolutamente estranha a seu universo, além de perda de tempo. Aliás, quando ouvia falar de emoções, confessava não saber muito bem do que se tratava. Sua vida era uma corrida desenfreada para fugir da angústia constante. Acreditava conseguir isso exercendo um poder crescente sobre seu meio próximo e acumulando cada vez mais dinheiro. Seus funcionários o temiam, sua mulher o evitava, e os filhos o consideravam um estranho.

Apesar de consciente da situação em que estava mergulhado, João Paulo não conseguia orientar sua vida numa outra direção. Ele ilustrava o que o psicanalista Guy Corneau, em sua obra *Père manquant, fils manqué* [Pai ausente, filho carente], identificou como um carrasco do trabalho. Exauria seus colaboradores, negligenciava a saúde, tornava-se inacessível para a mulher e para os filhos, até o dia em que seu cansaço acumulado se transformasse em esgotamento total.

Ele não queria se assumir tal como era. Negava precisar dos outros e não aceitava seus limites pessoais. Às voltas com suas angústias e seus medos, recusava-se a entrar em contato com o outro, a quem reduzia de modo mais ou menos consciente à condição de objeto do qual ele se servia para alcançar seus objetivos. Por meio do trabalho, tentava escapar de sua condição de pessoa submetida à contingência e à usura do tempo.

Grande parte de seus sofrimentos físicos e psicológicos certamente poderiam ser evitados, caso ele aceitasse mudar e dar um rumo diferente para sua vida.

Mudar, porém, implica um esforço no sentido de escapar dos diversos modelos a partir dos quais nossa educação conseguiu nos moldar, e também nos condicionar. O modelo com o qual João Paulo se identificava valorizava o trabalho e o desempenho, com a exclusão de qualquer outra dimensão da pessoa. Conceber um outro modo de vida, novo e inédito, despertava nele, assim como em muita gente, sentimentos de medo e de angústia. Então ele temia enfrentar seus limites e sua vulnerabilidade. A sensação de vazio e de fracasso que tinha o levava a adotar sempre as mesmas soluções, mesmo que até então elas tivessem se mostrado ineficazes em termos de condução de vida. Assim, transformava em problemas insuperáveis as inevitáveis dificuldades da existência. Ele não chegava a tomar as rédeas de sua própria vida porque não conseguia lhe dar um sentido, apesar de todos os recursos que tinha a seu alcance.

CAPÍTULO 7

COMUNICAÇÃO E SENTIDO DE VIDA

A comunicação com nós mesmos e com os outros se apoia no sentimento de valor pessoal. Leva em conta todos os aspectos de nossa experiência, o conjunto de necessidades e de emoções que temos. Permite nos libertarmos do medo de sermos julgados ou rejeitados. Permite também a superação dos temores e das resistências inevitavelmente suscitados pela perspectiva de mudança em nossas vidas. A aceitação da mudança possibilita a diminuição dos sofrimentos que nos infligimos ou deixamos que as circunstâncias da vida inflijam a nós. Múltiplos e variados são os rostos desse mal de viver decorrente da dificuldade de nos comunicarmos com nós mesmos e com os outros.

Esse sofrimento atinge as crianças em razão das quais os adultos discutem entre si, crianças essas que parecem incomodá-los com sua simples presença. Atinge os adolescentes rejeitados por um mundo indiferente a seus gritos de angústia e confusão, cujo futuro está bloqueado, a quem os sonhos são proibidos e que em

conversando a gente se entende | 169

número cada vez maior sonham com o suicídio. Esse sofrimento atinge as mulheres desprezadas e violentadas, esmagadas pela carga familiar, sem outro suporte que não sua coragem e seu trabalho. Atinge os homens atormentados pelo ódio e pela violência, homens desenraizados, exilados, desvalorizados, que veem os dias e a trama da vida aos poucos irem fugindo a seu controle. Atinge as pessoas idosas, abandonadas, deixadas de lado, às vezes maltratadas e exploradas até mesmo por aquelas a quem consagraram o melhor de suas energias. Conhecem esses sofrimentos todos aqueles que não têm ninguém com quem se comunicar e que precisaram se isolar de sua angústia, de sua tristeza, de sua raiva e de sua revolta para adotar mecanismos de sobrevivência.

No entanto, todo esse sofrimento moral não se enraíza apenas na dificuldade de comunicação consigo próprio e com os outros. O sofrimento advindo da pobreza, da solidão, da doença, da exclusão e, por fim, da morte faz parte da experiência humana e, em razão disso, nunca poderá ser totalmente evitado; assim como as guerras e as atrocidades que as acompanham, os disparates escandalosos na distribuição da riqueza, as múltiplas formas de exploração política, econômica, social e até mesmo sexual às quais são às vezes submetidos crianças e adultos. O ato de levar em conta o mundo em que o ser humano vive coloca-o diante do caráter trágico não só de sua existência, como também do universo em que ele evolui.

O trágico da existência

Esse aspecto sombrio da vida ultrapassa em muito a dimensão da responsabilidade pessoal de cada um; prende-se ao caráter inelutável de certos acontecimentos e parece fazer parte da criação. Segundo afirma Eugen Drewermann em *La peur et la faute* [O medo e o erro], "o erro, a impotência, o fracasso doloroso, o desespero são as formas mais frequentes do drama pelo qual o responsável não é o homem, mas o arranjo do mundo". Os cataclismos naturais, as epidemias, o sofrimento das pessoas inocentes ilustram bem o caráter trágico da criação, em que o ser humano é colocado diante de forças que o ultrapassam e das quais, apesar de seu desejo, ele não consegue escapar. Os dramaturgos da antiguidade, assim como toda a mitologia, enfatizaram profusamente o aspecto trágico da existência que remete à questão do sentido que damos a nossa vida e a nosso destino.

O século XX fez nascer a esperança de que essa perspectiva seja dissipada. Havia a promessa de que as revoluções tecnológica e científica fariam recuar indefinidamente as fronteiras do sofrimento e da doença e proporcionariam melhor qualidade de vida. O crescimento econômico, considerado ilimitado, mandaria

conversando a gente se entende | 171

para longe as fronteiras da miséria e da pobreza. Esse otimismo trouxe, no entanto, muitas decepções. O desenvolvimento tecnológico trouxe tanta destruição quanto melhorias para a natureza e o meio ambiente. A ciência serviu tanto para a produção de armas destruidoras quanto para benefícios à saúde. Nesse meio-tempo, uma miséria endêmica atingia, e continua a atingir centenas de milhões de pessoas praticamente no mundo todo. Sem contar com os déficits astronômicos que as gerações atuais deixarão de herança para as gerações futuras.

Em seu romance *Anges et démons* [Anjos e demônios], Dan Brown coloca em cena o personagem Carlo Ventresca, que assume a função de administrador supremo da Igreja durante um conclave. Diante de televisões do mundo todo, Ventresca lança o seguinte discurso: "Reclamamos um novo sentido para a vida. E em altos brados. Vemos óvnis, procuramos comunicação com extraterrestres, buscamos o espiritismo, viagens fora do corpo, empreendemos buscas espirituais e experiências psíquicas [...] Todas essas práticas expressam um pedido de socorro para a alma humana, solitária e desesperada...".

Os sofrimentos aos quais nos vemos confrontados num universo trágico surgem amplificados num mundo em ruptura que favorece a fragmentação das pessoas. As reviravoltas sociais decorrentes das transformações tecnológicas e da concentração da riqueza constituem apenas um aspecto da evolução da nossa sociedade. Há algumas décadas foram descartados os tradicionais modelos sociais, sem que ninguém realmente soubesse com o que substituí-los, nem para qual tipo de sociedade evoluir. Educados num mundo fechado, dominado pelas elites tradicionais, com todos os problemas que esse modelo fechado engendra, vivemos hoje num mundo dominado pela moda e pelos fazedores de imagem. O desaparecimento de tudo o que podia dar sentido à vida favorece a emergência de uma sociedade em que a expectativa de salvação deslocou-se da religião para a política, valorizando de modo absoluto o respeito aos direitos individuais, muitas vezes em detrimento do bem comum e até mesmo do simples bom senso.

Jacques Grand'Maison, em sua obra *Quand le jugement fout le camp* [Quando foge o juízo], constata a abundância de "práticas mais familiares e correntes que recorrem aos direitos fundamentais para se justificar, sem levar de modo algum em conta o bem comum, referência fundamental quase desaparecida, mas decisiva para uma verdadeira consciência cidadã e para o elo social no cerne do direito". Uma sociedade que perdeu seus parâmetros tradicionais busca um sentido para si mesma em atividades em que "florescem as seitas, o esoterismo, a magia, a feitiçaria, assim como acontece em cada período de crise da História em que o sentido da vida se encontra em questão", como diz o psicanalista francês Tony Anatrella.

Já não se espera alcançar a felicidade e a riqueza unicamente com o trabalho, com o compartilhar, com a solidariedade. As loterias e os cassinos, com suas promessas ilusórias de ganhos fáceis e rápidos, alimentam os sonhos mais loucos, verdadeiros fantasmas inspirados pelo pensamento mágico, sem base no real. A sociedade parece assim explodir sob a influência conjugada de expectativas cada vez mais altas e dos meios cada vez mais limitados de que ela dispõe. Essa explosão provoca, entre outras desilusões, a destruição do tecido social e a perda de credibilidade da maioria das grandes instituições.

Numa sociedade marcada pelo desaparecimento da solidariedade, não é de surpreender a existência de uma espécie de marasmo que apenas a valorização do momento presente pode combater. *A busca de emoções intensas faz esquecer a falta de raízes na história e a ausência de projeto para o futuro. Essa busca explica em grande parte o clima de fragilidade psicológica em que certo número de pessoas parece viver.* Muitos adultos, principalmente os mais jovens, oscilam entre a tristeza e o tédio, entre a depressão e a fadiga crônica, entre a solidão e a dificuldade em se comunicar. Nesse contexto, um grande número de pessoas e de instituições voltam-se para si mesmas. Instala-se uma desconfiança que impede a crença na possibilidade de um projeto em comum e condena cada indivíduo a viver unicamente para si, protegendo-se de todos os outros.

Esse clima de ceticismo impede que cada um se coloque a questão do valor de seus atos e do *sentido de sua vida*. No limite, leva a não se tomar nada a sério, a transformar tudo em ironia, a zombar de tudo. Não é certamente obra do acaso que nossa sociedade apresente uma densidade tão alta de humoristas por metro quadrado. O sarcasmo e a desconfiança imperam num universo em que os outros se tornam fonte de perigo. Cada qual busca se isolar para se precaver da ameaça representada pelo fato de viver em sociedade. Até mesmo o amor, esvaziado de sua substância e reduzido a um ritual repetitivo, torna-se algo de que é preciso desconfiar e se proteger; a não ser que esse amor dê espaço para uma tentativa de fusão que tenta recriar, embora artificialmente, a segurança do seio materno.

A sociedade atual costuma apresentar o espetáculo da fragmentação das pessoas, desconfortáveis com sua alma, com seu corpo, com o casamento, com sua família. Até mesmo a linguagem se torna desarticulada, sem significado, deixando de favorecer a comunicação e a intimidade. Tal situação é portadora de violência, da pessoa contra si própria ou contra os outros. Quando nada mais tem sentido, torna-se impossível para o indivíduo empregar sua agressividade a fim de criar para si um lugar na sociedade. Diante da incapacidade de se tornar útil para o trabalho, ou de proporcionar uma autonomia suficiente para a constituição de uma família, a agressividade não empregada corre o risco de se transformar em condutas ou gestos de autodestruição, que vão da toxicomania às tentativas de suicídio.

A angústia quanto ao futuro, aliada à dificuldade do presente e à tristeza das lembranças do passado, abre a porta para tudo o que possa valorizar ao extremo o momento atual e favorecer a evasão. Então nos vemos diante do drama de uma geração que vive de um dia para outro, afogada num mundo de consumo e às voltas com problemas de alcoolismo, drogas, violência, prostituição e erraticidade. Para enganar a solidão e o isolamento, ou para encontrar razões para viver, certas pessoas juntam-se a grupos que reforçam sua dependência alimentando a imagem negativa e a pouca estima que têm por si próprias.

O sentido da vida

Ampliado num mundo em fragmentos que favorece a divisão interna das pessoas, o caráter trágico da existência traz à tona uma questão recorrente em todas as épocas da história, embora nunca claramente formulada. Essa questão diz respeito ao sentido da vida. Trata-se para alguns de uma questão relativamente recente. Em seu ensaio *Du sens de la vie* [Do sentido da vida], escreveu o filósofo Jean Grondin:

> Se essa questão se coloca hoje [...] com tanta acuidade, é porque, num certo sentido, ela o deixou de ter. Se outrora a questão do sentido da vida pouco se colocava, é porque esse sentido era mais ou menos evidente. A vida se encontrava e instintivamente se sabia enquadrada numa ordem do mundo e do cosmo à qual ela só podia se conformar, submetendo-se a seus ritos...

A essa questão a abordagem sistêmica não pode dar nenhuma resposta; aliás, nenhuma outra abordagem pode. Contudo, ainda que a abordagem sistêmica não possa substituir uma atitude espiritual, entendida como o esforço empreendido pelo ser humano para dar um sentido a sua vida e ao lugar que ele ocupa no universo, ela pode ajudar a que se leve melhor em conta certos elementos essenciais para que ele, o ser humano, consiga se reconciliar consigo mesmo e com seu Deus, qualquer que seja o nome que se lhe dê.

Abordagem sistêmica e espiritualidade

A abordagem sistêmica faz o equilíbrio de um sistema fundar-se não no respeito à norma, mas na comunicação entre os diversos elementos que o compõem, buscando constantemente melhorar seus meios de expressão. Do mesmo modo, a experiência espiritual permite que se alcance a paz e a serenidade, na medida em que torna possível uma verdadeira comunhão da pessoa consigo mesma, com os outros e, para os fiéis, com o Outro. Esse estado de quietude nunca será o resultado do esforço realizado para conformar a vida a um ideal ou a um conjunto de normas abstratas. Nascerá, antes, de nosso trabalho para encontrar em nós mesmos a fonte que nos faz viver e alimenta nossa existência dando-lhe um sentido. Assim como a abordagem sistêmica permite fazer os sintomas desaparecerem, e que enfrentemos a mudança, apesar dos medos e das resistências que ela suscita, a experiência espiritual permite experimentar uma verdadeira libertação graças à abertura para uma nova dimensão da existência.

A atitude espiritual permite melhor autoconhecimento, como bem o exprimiu Virginia Satir, em sua declaração de autoestima: "Por reconhecer como meu tudo o que me diz respeito, posso tomar conhecimento de mim mesma de modo íntimo. Agindo assim, posso me amar e estar em relação com cada parte minha. Posso, então, fazer com que tudo em mim trabalhe para o melhor dos meus interesses. Sei que há aspectos meus que me intrigam, e outros que ignoro. Mas, enquanto mantiver para comigo sentimentos cordiais e afetuosos, poderei buscar com coragem e esperança soluções para meus problemas e maneiras de aprender mais sobre mim mesma".

Assim como a abordagem sistêmica situa a pessoa em constante interação com seu meio ambiente, em vez de considerá-la uma entidade fechada em si, a experiência espiritual se dirige a uma pessoa concreta, num contexto preciso. Não faz apelo a uma só dimensão do homem ou da mulher, antes os encontra na diversidade e na riqueza da experiência. Permite, tal como a abordagem sistêmica, integrar todos os componentes do ser humano, além de seus diversos níveis de linguagem.

A integração e a unificação da pessoa, em vez da fragmentação e da divisão, são necessárias tanto no plano psíquico quanto no cerne da experiência espiritual. Essa atitude diz respeito ao homem como um todo, para alcançá-lo em sua experiência de ente dividido e proporcionar-lhe meios para que unifique sua vida, atendendo a uma necessidade fundamental, qual seja a de dar sentido e coesão ao universo e ao lugar que nele o homem ocupa. Infelizmente, as múltiplas avenidas exploradas pelo ser humano em sua busca espiritual, conforme as culturas e as épocas, nem sempre favoreceram a integração de sua pessoa.

Com efeito, a trajetória espiritual nem sempre se revelou libertadora, como o demonstra o surgimento de numerosas seitas e a escalada atual de diversos integrismos. A experiência espiritual recebida, vivida e transmitida pelos homens não escapou às pressões sofridas por aqueles a quem ela se dirigiu. Foi assim que se viu submetida a todo tipo de projeções ou de interpretações e, por fim, desviada de seu objetivo primordial, qual seja o de reconciliar o homem consigo mesmo e com seu Deus.

O recurso à culpa

Ao longo da história não faltam exemplos de religiões que se tornaram principalmente voltadas para preceitos humanos. Os fardos que elas impuseram levaram o ser humano a se sentir mais dividido e fragmentado do que nunca. A tradição judaico-cristã, entre outras, nem sempre escapou do perigo de dividir a pessoa, em vez de unificá-la. Durante séculos frequentemente recorreu ao pecado, ao medo, à culpabilização e aos castigos a fim de exercer sua influência. Em muitas civilizações, aliás, a culpa desempenhou um papel importante. Permitia ela que a causa do um mal fosse apontada e recriado um quadro tranquilizador por meio da identificação de um culpado. Estabelecia-se assim uma ligação entre as calamidades que se abatiam sobre os homens e a culpa de quem fosse por elas atingido.

Os culpados eram então designados para polarizar a cólera divina. Tratava-se na maioria das vezes de estrangeiros e marginais; em outras palavras, daqueles que circulavam pela periferia de um grupo. A busca de um culpado sempre reforçava a coesão do conjunto pelo fato de excluir os que se afastassem da norma. Os infortúnios que se abatiam sobre o grupo eram então apresentados como a expressão da cólera divina decorrente da maldade das pessoas consideradas responsáveis.

A busca do delinquente alimenta o clima de medo que impede as pessoas de serem simplesmente humanas, sentirem emoções ou manifestarem sua vulnerabilidade. Esse clima impõe a lógica da angústia em todos os meandros da vida. Acabamos por sucumbir num mundo que já não conhece a compaixão, apenas o julgamento, a máscara, a dissimulação e o preconceito. A angústia, por sua vez, nos leva a não acolher nossas fragilidades e a nos exaurir em estratagemas de todo tipo para conseguirmos nos sentir amados e aceitos pelos outros, sendo que não amamos e não aceitamos a nós mesmos.

A culpa não é estranha à mensagem das diversas religiões e está particularmente presente numa certa apresentação da mensagem judaico-cristã. Ela evoca a imagem de um Deus vingador que, para evitar perder a face, precisa fazer respeitar sua reputação e punir os culpados. Esse é o Deus que condena o homem a viver num vale de lágrimas desde o desaparecimento do paraíso em que os homens viviam como anjos.

Infelizmente, sob a influência de vários fatores, o cristianismo ocidental muitas vezes insistiu mais na culpa e no pecado do que no perdão e na reconciliação, apesar da missão de anunciar estes últimos, e a ponto de ser reconhecido como uma religião de ansiedade. Frequentemente apregoou um Deus colérico, devorado pelo sentimento de vingança, cuja fúria só poderia ser apaziguada pelo sacrifício de seu Filho.

As pesquisas de Jean Delumeau anteriormente comentadas bem demonstram que a culpabilização, o medo e os castigos, no Ocidente, muito influenciaram a predicação cristã ao longo de séculos. "Ao medo, ao pavor, ao terror, ao pânico suscitados pelos perigos externos de todo tipo provenientes dos elementos e dos homens, acrescentaram-se dois sentimentos não menos opressores: o horror do pecado e a obsessão com a condenação."

O recurso ao medo, a serviço da predicação, verifica-se em quase todas as épocas da história, mas principalmente a partir do século XIII. Observa-se essa mesma culpabilização sendo empregada, por exemplo, no trabalho de evangelização dos índios hurões, tal como relatado por René Latourelle em sua biografia de Jean de Brébeuf:

> Essa abordagem do cristianismo pela predicação dos fins últimos, com as imagens que a acompanham, choca os espíritos de hoje. Era, no entanto, corrente na época (em que Brébeuf evangelizava os hurões), e persistiu até finais do século XX [...] Na predicação e na educação, o temor era visto como gerador de prudência. E é preciso admitir que o medo do inferno foi eficaz no espírito dos hurões.

O medo, no entanto, mais resulta na destruição do homem do que em seu desenvolvimento. A frequente utilização que dele foi feita certamente desempenhou um papel importante na descristianização do Ocidente. Isso contribuiu, junto de muitos outros fatores, para um deslocamento da ênfase no âmbito dos valores.

A culpa, o medo, o temor são em muitos casos indissociáveis de um sistema que busca seu equilíbrio no respeito a normas abstratas mais do que na aceitação da vida. A experiência espiritual não se pode reduzir a submissão a leis e a preceitos. A importância atribuída à observação de regras, no domínio espiritual, pode dividir as pessoas, em nome da religião, entre os puros, que se submetem às exigências da lei, e os outros – os estrangeiros, as mulheres, os doentes e os pobres –, denominados impuros, que assim se veem excluídos da comunidade. A observação cega pode gerar arrogância naqueles que se consideram perfeitos. Pode também levá-los a se comparar, a ocultar sua vulnerabilidade, a não mais compreender o outro e a julgá-lo. A importância atribuída às convenções e às regras pode gerar medo e desespero naqueles que se consideram ou são considerados excluídos.

Uma experiência espiritual ancorada na vida

Uma atitude espiritual faz apelo a todos os aspectos da experiência humana: a capacidade de confiar, de amar, de assumir a angústia suscitada pela consciência dos limites, de manter vivos os sonhos e a esperança de uma vida melhor. Essas experiências se exprimem através de símbolos e ritos que lhes permitem se aprofundar e se perpetuar. Refletem-se também através das doutrinas e das teologias que as expressam com precisão, as comentam e as estruturam. Enquanto os símbolos e os ritos se dirigem a qualquer pessoa, a reflexão teológica está mais voltada para a dimensão intelectual ou racional do indivíduo.

Muitas vezes se verifica uma grande distância entre a experiência religiosa e os discursos que tentam transmiti-la. Conceitos elaborados dentro de determinada cultura para responder a preocupações específicas são transmitidos de uma geração a outra, sem que ninguém saiba muito bem quais as experiências concretas que esses conceitos evocam. Na falta de referências para essa experiência vivida, esses conceitos se tornam incompreensíveis. Precisam então ser justificados por meio de uma construção intelectual e por declarações dogmáticas que se revelam impotentes para ajudar o ser humano a resolver seu verdadeiro drama.

A cisão que às vezes existe entre a experiência espiritual e a linguagem que procura expressá-la apresenta dificuldades semelhantes àquelas engendradas entre a linguagem verbal e a não verbal. Essa cisão provoca um funcionamento em dois níveis, como se o sentimento e o pensamento estivessem separados em dois andares de um mesmo edifício, no qual o pensamento ocupa o andar superior. O nível emocional, confinado ao andar de baixo, será expressamente ignorado. Qualquer comportamento ou reação de caráter emocional se tornarão suspeitos. Apenas o raciocínio será então considerado válido para a expressão de um ponto de vista exato, em detrimento da linguagem dos sentimentos e das emoções.

Essa cisão entre o raciocínio e a realidade, entre a atividade cerebral e a experiência vivida, leva à esclerose. *Uma atitude espiritual, dirigida antes à inteligência e à vontade, engendra um universo fechado, voltado sobre si mesmo, que acaba por se tornar mais opressivo do que vivificante.* Uma abordagem desse tipo não leva em conta que somos seres de carne e osso, com emoções e sentimentos, e também inseridos numa tradição pessoal e familiar. A história do pensamento ocidental muitas vezes tentou separar elementos que em outras culturas parecem indissociáveis: consciente e inconsciente, razão e sentimento, mente e coração, sacerdócio e medicina. O pensamento ocidental, com sua tendência para a análise e o raciocínio, chegou às vezes a fechar a atitude espiritual e religiosa para dela fazer um conjunto de dogmas e doutrinas cuja relação com a salvação do ser humano concreto nem sempre é evidente.

Uma opção a favor da vida

A abordagem sistêmica interessa-se pela comunicação entendida em sua acepção mais ampla. Apresenta-se como um meio de diminuir os sofrimentos que nos infligimos, ou que deixamos as circunstâncias da vida infligir em nós. No entanto, nem todo mal de viver tem raízes apenas na dificuldade de a pessoa se comunicar consigo própria e com os outros. O sofrimento faz parte da experiência humana e, assim sendo, nunca poderá ser totalmente evitado.

Como assinala Jean Grondin: "A vida pode ser uma primavera. Mas também pode ser assustadoramente siberiana. Muitas vezes, e até mesmo quase sempre, é de uma injustiça gritante [...] o Sofrimento silencioso [...] é a evidência primeira da filosofia, a origem de seu grito contra a existência". Os sofrimentos suportados pelo homem num universo trágico muitas vezes se ampliam num mundo cindido, que favorece a fragmentação interior das pessoas. Daí a interrogação sobre o sentido da vida, que hoje se coloca com tanta acuidade.

A abordagem sistêmica pode fornecer algumas balizas nessa busca de sentido. A pessoa humana não se resume a um mecanismo em que as peças defeituosas podem ser consertadas. Deve ser considerada um todo em que cada elemento busca seu próprio desabrochar, que não virá da conformidade em relação a um conjunto de normas ou leis, mas da abertura para a vida, em si e em torno de si. O mesmo certamente se aplica ao sentido da vida, ao amor, à água, ao ar. Ninguém os inventou. Estão aí para todos. Todo mundo é livre para compartilhá-los ou deixá-los definhar.

Essa busca de sentido não pode passar ao largo de um melhor conhecimento e de uma maior aceitação de nós mesmos, pois aí está a fonte daquilo que vivifica. Essa aceitação de nós mesmos exclui a vergonha, o medo e a culpa. Evita o funcionamento em dois níveis. A busca de sentido da vida faz apelo a todos os aspectos da experiência humana: a capacidade de confiar, a capacidade de amar, a capacidade de assumir a angústia suscitada pela consciência dos limites, a capacidade de manter vivos o sonho e a esperança de uma vida melhor. O filósofo Grondin resume isso particularmente bem: "A vida humana deve se acomodar a um sentido que nunca será uma garantia, mas que pode contribuir para fazer de nós pessoas melhores, dedicadas ao bem, a começar pelo bem do próximo".

Sumário

Apresentação... 7

Capítulo 1
Comunicação e isolamento............................ 19
    As disfunções de Sílvio............................... 19
    A hiperatividade de Ivan............................. 24
    A confusão de Valéria................................. 29
    A mensagem ambígua de uma avó................. 32
    A maldição de Ayla.................................... 38
    A fusão doentia de Lisa e Lucas................... 42

Capítulo 2
A comunicação, espelho do ambiente.......... 49
    A espiral destruidora de comportamentos 49
    A submissão de Franciele............................ 52
    As causas que explicariam tudo................... 55
    Um culpado a todo custo............................ 59
    A depressão de Elisa................................... 61

Capítulo 3
A comunicação, fator de equilíbrio.............. 69
    As armadilhas da norma............................. 71

Os "jogos" em questão 74

As atitudes que matam 77

A importância de se aceitar 80

A raiva de João 83

A psicose de Francisco..85

As necessidades de Joana 87

Os mecanismos de sobrevivência 89

Capítulo 4
Comunicação e repressão...95

Os pacientes da enfermeira Ratched....................96

Os crimes no mosteiro 101

O medo como forma de repressão 105

Absolutos que sufocam a vida 108

Capítulo 5
A comunicação, agente de mudança 113

As inevitáveis crises 114

A comunicação ambígua de Luísa.........................117

A fuga dos dois irmãos...120

O dilema de Érico..122

A dupla pressão 126

Os alunos de Julian..135

Capítulo 6
Comunicação e resistência à mudança 143

O papel do medo..145

Fazer *mais* a mesma coisa.....................................149

As realidades inevitáveis da vida 153
As enxaquecas de Catarina................................157
A depressão de Sílvia..161
A insegurança de Jõao Paulo 164

Capítulo 7
Comunicação e sentido de vida.............................169
O trágico da existência......................................171
O sentido da vida...176
Abordagem sistêmica e espiritualidade..............177
O recurso à culpa...180
Uma experiência espiritual ancorada na vida.....183
Uma opção a favor da vida.................................185

Impresso na gráfica da
Pia Sociedade Filhas de São Paulo
Via Raposo Tavares, km 19,145
05577-300 - São Paulo, SP - Brasil - 2012